Benditas sejam as perdas da vida

Dados Internacionais de Catalogação na Publicação (CIP)
(Câmara Brasileira do Livro, SP, Brasil)

Guntzelman, Joan
  Benditas sejam as perdas da vida : desapegando-se e seguindo em frente / Joan Guntzelman ; tradução de Maria Elizabeth Hallak Neilson. – Petrópolis, RJ : Vozes, 2023.

  Título original: Blessing life's losses : letting go and moving on
  Bibliografia.
  ISBN 978-65-5713-888-5

  1. Luto – Aspectos religiosos – Igreja Católica 2. Perda (Psicologia) – Aspecto religiosos – Igreja Católica I. Título.

22-139341   CDD-242.4

Índices para catálogo sistemático:
1. Luto : Reflexões : Cristianismo   242.4

Inajara Pires de Souza – Bibliotecária – CRB PR-001652/0

JOAN GUNTZELMAN

Benditas sejam as perdas da vida

*Desapegando-se
e seguindo em frente*

TRADUÇÃO DE
Maria Elizabeth Hallak Neilson

Petrópolis

© 2004 by Liguori Publications.

Tradução realizada a partir do original em inglês intitulado *Blessing Life's Losses – Letting Go and Moving On*, publicado em 2004 mediante acrodo com Joan Guntzelman por Liguori Publications, Liguori, Missouri, USA.

Direitos de publicação em língua portuguesa – Brasil:
2023, Editora Vozes Ltda.
Rua Frei Luís, 100
25689-900 Petrópolis, RJ
www.vozes.com.br
Brasil

Todos os direitos reservados. Nenhuma parte desta obra poderá ser reproduzida ou transmitida por qualquer forma e/ou quaisquer meios (eletrônico ou mecânico, incluindo fotocópia e gravação) ou arquivada em qualquer sistema ou banco de dados sem permissão escrita da editora.

CONSELHO EDITORIAL

Diretor
Volney J. Berkenbrock

Editores
Aline dos Santos Carneiro
Edrian Josué Pasini
Marilac Loraine Oleniki
Welder Lancieri Marchini

Conselheiros
Elói Dionísio Piva
Francisco Morás
Gilberto Gonçalves Garcia
Ludovico Garmus
Teobaldo Heidemann

Secretário executivo
Leonardo A.R.T. dos Santos

Editoração: Natália Cunha Machado
Diagramação: Daniela Alessandra Eid
Revisão gráfica: Barbara Kreischer
Capa: Felipe Souza | Aspectos

ISBN 978-65-5713-888-5 (Brasil)
ISBN 978-0-7648-1152-4 (Estados Unidos)

Este livro foi composto e impresso pela Editora Vozes Ltda.

Sumário

Introdução, 7
Reflexão 1: Envelhecimento, 35
Reflexão 2: Relacionamentos, 45
Reflexão 3: Empregos ou funções, 55
Reflexão 4: Os bons velhos tempos, 66
Reflexão 5: Objetos significativos, 76
Reflexão 6: Morte de um ente querido, 85
Reflexão 7: Habilidades e aptidões, 96
Reflexão 8: Sonhos, esperanças e expectativas, 107
Reflexão 9: *Status* ou "máscara", 116
Reflexão 10: Integridade e autorrespeito, 126
Reflexão 11: Um animal companheiro, 136
Reflexão 12: Confiança nas crenças religiosas, 146
Reflexão 13: Saúde, 157
Reflexão 14: Lar, 166
Reflexão 15: Independência, 176
Reflexão 16: A própria vida, 186
Agradecimentos, 197

Introdução
"Bem-aventurados os que choram..."

Alguns anos atrás, ventos fortes derrubaram bosques de pinheiros numa das áreas mais belas do Parque Nacional Grand Teton. O Serviço Florestal colocou uma placa com os dizeres: "Para que uma floresta viva continue a existir, são necessários três fatores: derrubadas – como a que aconteceu aqui –, quando os ventos atingem uma velocidade tal que árvores velhas, fracas, doentes, e mesmo algumas fortes e saudáveis, caem ou são arrancadas; um tipo de infestação de besouros que destrói as árvores; e incêndios florestais". Aquela placa registrou o padrão do nosso universo – para que a vida continue, é *preciso* haver perdas e mortes.

As perdas são constantes. Não é possível viver por um longo tempo neste mundo sem experimentar perdas e o consequente sofrimento. É claro que estamos sempre cercados de beleza e bondade se tivermos olhos para enxergá-las. Todavia, a menos que vivenciemos uma perda dolorosa, ou um momento arrebatador, tendemos a dar pouca, ou nenhuma atenção, ao arquétipo do universo: perda e crescimento, morte e vida. Perda e crescimento são parceiros. Morte e vida são dois lados de uma mesma moeda. Nas palavras de Jó 2,10: "Se aceitamos de Deus os bens, não deveríamos aceitar também os males?"

As perdas não são todas do mesmo tipo, ou magnitude. E acontecem numa variedade infinita de maneiras – às vezes são quase imperceptíveis; em outras ocasiões, esmagadoramente aparentes. Toda perda tem o potencial de se converter na base de uma nova vida e de impulsionar o crescimento. A natureza nos oferece uma profusão de exemplos. A perda do verde viscoso da folha do álamo abre caminho para o dourado cintilante de um outono luminoso. A lagarta, refugiada na escuridão e no silêncio do casulo, tem que deixar de ser lagarta a fim de se transformar numa borboleta refulgente. Nossos corpos estão num processo permanente de autorrestauração e autorrecriação. Células novas substituem células mortas ininterruptamente. Dentro de cada corpo humano, é incessante a sequência de morte e vida, perda e crescimento.

Etapas da perda e do crescimento humano

Perda e crescimento sucedem em cada fase da nossa existência. A primeira perda ocorre quando saímos de um útero protetor para entrar no mundo. Ao nos aventuramos no tumulto da vida escolar, a simplicidade do universo familiar cede espaço às aulas, ao desempenho acadêmico e à convivência com outras pessoas.

O crescimento, sob a forma de experiência e aprendizado, nos impele da infância para a adolescência. Espera-se, então, que principiemos a agir como adultos. Para a maioria de nós, a perda do corpo infantil assinala, também, a perda da inocência infantil. Constatamos ser capazes de praticar o mal e vacilamos entre a dependência infantil e a exigência adulta de alcançar a independência. Nós nos lançamos num mundo mais vasto e ampliamos nossos horizontes intelectuais e emocionais.

O processo continua nos jovens adultos. Em meio à alegria de descobrir a intimidade e de construir uma carreira, a sombra da perda se encontra à espreita. Uma moça, prestes a se casar, decidiu buscar aconselhamento comigo porque andava entristecida e não conseguia entender a razão. Apesar de radiante por se casar com o homem a quem amava profundamente, ela havia desconsiderado as perdas que um casamento pode acarretar: perda da independência, da privacidade, das idas e vindas a qualquer hora, não ser mais a única dona da própria casa. Uma vez reconhecidos, a jovem, de bom grado, escolheu renunciar àqueles prazeres em favor do casamento. Contudo, era necessário que tomasse consciência dessas perdas e, de alguma forma, expressasse pesar pelo fim de um ciclo.

Na meia-idade, aguça-se a nossa percepção de como as perdas se avolumam. Embora tenhamos condições de nos exercitar e desenvolver resistência, já não nos é possível competir com os mais jovens em atividades físicas. A idade reprodutiva chega ao fim. Empregos desejados, ou que tentamos conquistar, passam a cair nas mãos de gente mais nova. Os filhos crescem e saem de casa. Outros sonhos desvanecem-se em lembranças amargas.

Por outro lado, pessoas de meia-idade costumam ver os frutos de seu trabalho. As carreiras atingiram o auge. Ao longo dos anos, uma preciosa sabedoria foi sendo acumulada, em especial por quem empreendeu uma jornada interior e estabeleceu um relacionamento mais profundo com a família, amigos, consigo mesmo e com Deus.

À medida que envelhecemos, não é raro nos sentirmos oprimidos pela dimensão das nossas perdas. As perdas físicas se acentuam. "Quero muito fazer isso, mas meu corpo não coopera", é uma queixa frequente. Nossa visão já não é como antes, tampouco a audição – pois achamos que ninguém fala com clareza. Talvez amigos, familiares ou o cônjuge já tenham falecido, nos deixando imersos num imenso pesar.

No entanto, envelhecer nos traz também uma perspectiva mais abrangente dos problemas. Podemos ter tempo livre para fazer tudo aquilo que sempre desejamos. Somos capazes de apreciar as pequenas dádivas de Deus mais plenamente.

- Faça uma "lista de perdas" – identifique todas as coisas que você deixou para trás e pondere como tem lidado com essa realidade para seguir adiante.

- Quais perdas, resultantes do envelhecimento, são, ou serão, mais difíceis para você?

Nossas perdas são nossas

A despeito de aparentemente iguais, as perdas são sempre únicas para cada um de nós. Ainda que dois indivíduos percam a mesma pessoa, objeto, posição ou sonho, a experiência jamais será equivalente.

Quando sofremos, lamentamos não só a ausência do que se foi, mas do que aquilo significava para nós. Talvez seja este o porquê de duas pessoas, diante de perdas supostamente idênticas, padecerem de formas diferentes. Mary Ann e Joyce enfrentaram a morte dos maridos. Joyce descreveu o marido como sendo seu melhor amigo e parceiro constante, aquele de quem dependia e de quem desfrutara a companhia durante quase 30 anos de casamento. Mary Ann sentiu-se aliviada com a morte do esposo abusivo.

Nossas perdas são únicas porque nossa percepção de cada perda é única. Ao criarmos vínculos com uma multiplicidade de pessoas, objetos, ideias, desejos, valores, imagens e cargos, concedemos a tudo isso um grande poder em nosso íntimo. Construímos nossa identidade por meio dessas conexões e as investimos de significado, imputando-lhes uma importância simbólica.

Quando perdemos quaisquer dessas conexões, não perdemos somente o vínculo em si, mas o que este representava para nós e o significado que lhe tínhamos atribuído. Por exemplo, é provável que um homem, cuja identidade pessoal esteja estreitamente ligada ao seu trabalho, venha a sofrer em demasia ao perder o emprego. Para alguém que considere seu trabalho apenas um dos meios necessários para ganhar dinheiro, de modo que possa se envolver em outras atividades, ser destituído do cargo que ocupava será só uma chateação. Seu senso de identidade permanecerá intacto.

É comum não percebermos quanto significado havíamos conferido a algo até perdê-lo. Lembro-me de uma paciente que estava toda animada ao demitir-se do emprego num grande escritório para começar a trabalhar por conta própria. Durante anos, fora seu sonho abrir um negócio e, metodicamente, dedicara-se a realizá-lo. Todavia, ela não tinha ideia do quanto prezava o companheirismo e a convivência diária com os colegas de escritório. Então, quando enfim viu-se sozinha, não estava preparada para a sensação de tristeza e solidão que a invadiu.

Mudança sempre implica perda, ainda que seja uma mudança bem-vinda. Muitos pais aguardam, cheios de expectativa, o dia em que o filho partirá para a universidade. Porém, é em lágrimas que o deixam lá e voltam para casa, que agora lhes parece vazia e um tanto triste.

Reações à perda

Assim como nossas perdas são exclusivas, nosso modo de enfrentá-las também é único. Quando crianças, imitamos o jeito de nossos pais se lastimarem. Com o passar dos anos, aprendemos certos mecanismos de enfrentamento. Cada vez que usamos um método específico de enfrentamento, este se torna mais e mais visceralmente arraigado num padrão característico de lidar com a vida. Acabamos acreditando não termos escolha de como reagir às perdas.

Algumas das coisas que assimilamos, e outras pelas quais nos recompensaram mediante nosso comportamento, nos foram úteis. Porém, pais, avós e professores, imperfeitos como todos o somos, às vezes nos ensinaram, e recompensaram, determinados comportamentos que, posteriormente, já não funcionariam para nós. Um dos deveres do adulto é analisar o que aprendeu, ater-se ao que é benéfico e descartar o que não é. Diversas formas nocivas de encarar as perdas de hoje têm uma origem remota, calcada em reprimendas do tipo: "Meninos grandes não choram", "Não seja maricas".

Algumas maneiras de lidar com as perdas são bastante comuns. Refletir sobre essas reações predominantes, e ponderar como repercutem em nossa própria vida, é um procedimento eficaz.

Negação ou descrença – No confronto inicial com uma perda, a maioria de nós custa a *crer* que seja verdade. Ouvimo-nos exclamando: "Não consigo crer que ele foi mesmo embora!" ou "Oh, não! Não pode ser!" Essa espécie de reação nos dá o tempo que nos é necessário para nos ajustarmos à mudança. Às vezes optamos por permanecer nesse estado de negação, pensando que, enquanto nos aferrarmos à descrença, a perda não será real.

Raiva – Sempre que nos defrontamos com a nossa incapacidade de controlar as pressões em nossa vida, em particular quando convencidos de que precisamos exercer tal controle em prol da nossa felicidade e bem-estar, costumamos reagir com raiva. Procuramos qualquer coisa ou alguém a quem culpar pela nossa dor ou desventura. A raiva associada a uma perda pode ser direcionada a Deus ou àqueles que tiveram participação no nosso infortúnio – o supervisor encarregado de nos informar que não conseguimos o emprego desejado, o médico que nos comunicou um diagnóstico penoso – ou até mesmo uma pessoa sem o menor envolvimento na história, mas que nos parece insensível ao nosso sofrimento.

Culpa – Muitas vezes concluímos sermos nós os agentes da perda. A culpa, então, está livre para nos assolar. O dono de um cachorro, que nunca saiu à rua com coleira e guia, talvez se sinta tremendamente culpado quando um carro atropela e mata o animal. A senhora idosa, que jamais encontrou tempo para troca de gentilezas e amabilidades, se dá conta de haver fomentado a própria solidão. O sentimento de culpa acaba se convertendo num peso esmagador quando reconhecemos o nosso próprio papel nas perdas sofridas.

Há circunstâncias em que nos culpamos, ainda que a perda ocorrida seja inerente à condição humana. Ao saber que estava com câncer, uma mulher me disse: "Sempre acreditei que colhemos o que plantamos. Sempre pensei estar espalhando coisas boas ao meu redor, mas imagino que não, ou isso não teria acontecido comigo". A despeito de todos nós enfrentarmos perdas, em geral nos é ensinado que, de alguma forma, somos responsáveis por tudo o que nos acontece. Resultado: quando algo ruim de fato acontece, a culpa nos devora.

Tristeza – Sempre que a vida nos tira ou nos pede para abrir mão de alguma coisa que consideramos parte de nós, a tristeza é inevitável.

Ao vivenciarmos uma perda, é provável que muitas outras reações e emoções efervesçam: medo, raiva, desespero, perplexidade, solidão. Não existe fórmula mágica ou balança científica capazes de nos indicar quanto, ou quão pouco, de quaisquer reações devemos esperar.

Portanto, precisamos ter cuidado ao querer mensurar as perdas de alguém ou dimensionar seu estilo de enfrentamento. Uma perda pode nos parecer mais ou menos dolorosa, entretanto, talvez tenha significados diferentes no coração de quem a vivencia.

- Como ensinaram você a lidar com as perdas da vida?
- Quando você era criança, o que seus pais ou as outras pessoas importantes do seu mundo lhe disseram sobre a manifestação de emoções?
- De quais perdas você ainda encontra dificuldade para se libertar?
- Você está disposto a enxergar quão preciosa é a sua vida, repleta de oportunidades de crescimento desencadeadas pelas perdas?

Cada perda é uma oportunidade

A reação à perda é um sinal de que a vida está acontecendo em tudo por que passamos. Em nossa própria história, e nas perdas vivenciadas, encontraremos os componentes de nós mesmos. Na realidade, toda a nossa vida é cheia de oportunidades para que cresçamos, alcancemos a plenitude e a santidade. Quando Jesus fala: "Se alguém quiser vir após mim, renuncie a si mesmo, tome a sua cruz cada dia e me siga" (Lc 9,23), deveríamos ouvi-lo asseverando a cada um de nós: "Tome o fardo da sua própria vida, com todas as suas bênçãos e todas as suas tristezas, perdas e mortes. Aproprie-se dele. Não o minimize, ou tente ignorá-lo, ou busque a santidade em qualquer outro lugar. As oportunidades estão todas bem aí, na sua vida. Assuma-as, encare-as, sofra por elas e entregue-as a mim. Desapegue-se".

Apesar de quase nunca podermos controlar as perdas que nos são impostas, temos muito a dizer sobre como as enfrentamos. Embora sintamos ter pouco controle sobre as perdas, estamos, todos os dias, escolhendo a forma como lidamos com elas.

Perda na vida cristã

A vida ressurgindo da morte constitui o âmago da existência cristã. Jesus proclamou, tanto em palavras quanto com o seu exemplo, que se não estivermos dispostos a morrer jamais viveremos. E ilustrou esta questão – o mistério pascal – com um evento comum na natureza: "Se o grão de trigo não cair na terra e não morrer, ficará só; mas se morrer, produzirá muito fruto" (Jo 12,24). Qualquer agricultor ou jardineiro sabe que, para haver vida, a semente precisa estourar e deixar de ser o que é, empurrando seu caule na direção do sol e suas raízes para dentro da escuridão.

No entanto, estamos sempre indagando o porquê de vivenciarmos perdas. E a resposta culmina sempre no mistério. Quando Jó perguntou a Deus por que tinha que perder tudo – terras, família, saúde, e até sua esperança –, Deus respondeu com outros questionamentos: "Onde estavas, quando lancei os fundamentos da terra? Dize-me isto, se é que sabes tanto! Quem lhe fixou as dimensões? – se o sabes. Ou quem estendeu sobre ela a trena?" (Jó 38,4-5). Os seres humanos, como toda a criação, vivem e morrem.

Deus não determina que soframos – isto o sabemos. Pelo contrário! Jesus afirma: "Eu vim para que tenham vida e a tenham em abundância" (Jo 10,10). Na verdade, essa vida em abundância que Deus nos deseja foi manifestada, paradoxalmente, na vida de Jesus, que, "subsistindo na condição de Deus, não se apegou à sua igualdade com Deus. [...] E, apresentando-se como simples homem, humilhou-se, feito obediente até a morte, até a morte numa cruz" (Fl 2,6-8). Jesus viveu uma vida plena, porém isto não o poupou do sofrimento e da morte.

Plenitude de vida procede de fazer a vontade de Deus, o que, em termos mais amplos, significa amar a Deus sobre todas as coisas e ao próximo como a nós mesmos. O amor não traz apenas alegria, encantamento, vivacidade; traz também dor, lutas cotidianas e morte. Todavia, com a Ressurreição de Jesus, a morte não tem a palavra final. A vida triunfa. E o Espírito de Deus habita sempre em nós, para nos sustentar e consolar. Sabendo que sua partida afligiria seus seguidores, Jesus prometeu: "Eu pedirei ao Pai, e Ele vos dará outro Paráclito, que estará convosco para sempre. [...] Não vos deixarei órfãos. Voltarei para vós" (Jo 14,16.18). Ainda que tivessem fé nessa promessa, os discípulos prantearam a morte de Jesus.

Uma descrição eloquente da reação cristã ao sofrimento e à dor surgiu de uma entrevista concedida pela Irmã Thea Bowman a Patrice Tuohy. Professora, cantora e palestrante, Irmã Thea dedicou-se a anunciar a Boa Nova a todas as pessoas e também promoveu, incansavelmente, o orgulho da cultura negra. Depois de entrevistar Irmã Thea no premiado programa jornalístico da TV CBS, *60 Minutes*, o correspondente Mike Wallace disse: "Não me lembro de quando fiquei mais comovido, mais encantado por uma pessoa de quem tracei o perfil"[1]. Irmã Thea sabia, depois de seis anos lutando contra o câncer, que sua vida estava quase no fim.

Abaixo, um trecho da entrevista com Patrice Tuohy, em que Irmã Thea falou sobre sofrimento e esperança.

P. Tuohy: Como você encontra sentido na sua dor e no seu sofrimento?

Ir. Thea: Não encontro sentido nisso. Procuro dar sentido à vida. Procuro me manter receptiva às pessoas, ao riso, ao amor e ter fé… Rezo: "Oh, Jesus, eu me entrego…" Busco consolo numa antiga canção *Negro Spiritual*: "Logo as tribulações deste mundo cessarão. Estou indo para casa, para morar com Deus".

P. Tuohy: Deus está realmente presente no sofrimento?

Ir. Thea: Deus está presente em tudo… Em todos os lugares. Em mim e em tudo o que acontece comigo… Em meio ao sofrimento, sinto a presença de Deus e clamo a Ele, pedindo socorro: "Senhor, ajude-me a seguir em frente".

---
1. Thea Bowman e Celestine Cepress, *Sister Thea Bowman: shooting star*.

P. Tuohy: Por que as pessoas têm que sofrer? Que bem pode resultar do sofrimento?

Ir. Thea: Eu não sei. Por que existe guerra? Por que existe fome?... Talvez seja um incitamento para que os seres humanos, em suas tribulações, estendam a mão uns para os outros, amem-se uns aos outros, ajudem-se mutuamente e, no processo, sejam abençoados, fortalecidos e humanizados. Talvez seja um incitamento para ver Cristo em nosso mundo, para enxergar a obra de Cristo e sentir o sofrimento de Cristo. Lembro-me da letra de uma antiga canção: "Chegamos até aqui pela fé, apoiando-nos no Senhor, confiando em suas palavras. O Senhor jamais nos abandonou. Oh, não podemos dar meia-volta porque percorremos esse caminho pela fé"[2].

Jesus nos convida a crescer dia após dia por meio das experiências de morte e ressurgimento de nossas vidas. E o crescimento e ressurgimento acontecem de forma mais plena quando deles temos consciência e assim acolhemos todos os tipos e dimensões de perdas e mortes.

Como crescemos através das perdas?

Em cada uma de nossas experiências de perda, optamos por seguir em direção à vida ou à morte. Ambas

---

[2]. Patrice Tuohy, *Sister Thea Bowman: on the road to glory*.

as opções estão sempre presentes. Moisés ofereceu igual escolha aos israelitas ao enunciar: "Propus a vida e a morte. [...] Escolhe, pois, a vida" (Dt 30,19). Com frequência nem sequer percebemos que *temos* escolhas a fazer.

A maioria de nós tende a focar os aspectos positivos da própria existência, acreditando, secretamente, que a perda é desnecessária, desastrosa, evitável, azarenta e uma aberração. Pouca atenção tem sido dada ao papel que a perda desempenha na vida.

Ninguém nos ensina que a única forma de ocorrer um novo crescimento é por meio da perda. Ninguém nos fala que a perda é normal e natural. Ninguém nos avisa que a mudança só cessa depois da morte. Ninguém, de maneira deliberada, nos mostra como lidar com essa realidade. Seis meses após a morte da esposa durante o parto, um jovem viúvo gritou sua angústia para seu pastor: "Eles nos ensinaram tudo sobre como crescer – por que não nos ensinaram a lidar com acontecimentos como este?"

Tão trágicas, prematuras, terríveis e temidas quanto a perda e a morte podem ser, nenhum de nós jamais será capaz de evitá-las. Mas podemos começar a reconhecer as perdas experimentadas e aprender a viver e crescer por meio delas. Optar por crescer e renascer com as pequenas perdas nos ajuda a fazer opção idêntica quando confrontamos perdas maiores. A vida é um processo contínuo de dar à luz a nós mesmos.

Lidar bem com a dor envolve pensamentos, sentimentos e comportamento. O luto sadio, evolutivo abrange três etapas:

1. Começamos a nos afligir quando reconhecemos, abertamente, o que foi perdido.
2. Expressamos sejam quais forem as emoções e os sentimentos suscitados quando reconhecemos a perda.
3. Decidimos mudar algumas coisas que fazemos por ainda nos manterem atrelados à pessoa ou ao que foi perdido.

Embora esses três aspectos do luto sejam descritos separadamente, na prática costumam estar entrelaçados. No próprio ato de reconhecer uma perda, nossas emoções, não raro, vêm à tona e transbordam. Modificar uma determinada maneira de agir por causa de uma perda pode intensificar a consciência dessa perda e despertar mais emoções. De qualquer forma, à medida que avançamos nessas três fases, é provável que estejamos no caminho de renovar nossa vida.

- Procure lembrar-se de algumas das perdas a respeito das quais você nunca pensou. Identifique pelo menos uma delas que tenha sido necessária para que algo que você desejava pudesse acontecer.
- Reflita sobre o padrão de morte e renascimento subjacente na sua experiência pessoal.

Reconhecer o que foi perdido

A primeira etapa do luto salutar ocorre quando, voluntária e abertamente, reconhecemos haver perdido algo ou alguém que considerávamos importante. O processo de superação tem início apenas quando tomamos consciência de nossas perdas. Muitas vezes tudo em nós quer negar que uma perda é real, quer acreditar que nada mudou. Entretanto, chega um momento em que precisamos encarar a realidade porque, se não o fizermos, não conseguiremos vivenciar o pesar causado pelo que se foi.

Quando nos recusamos a admitir uma perda, ou nos negamos a sofrer por ela, o sentimento de perda não desaparece simplesmente. Aspectos significativos da nossa vida, que são ignorados ou minimizados, tendem a se agravar e a disputar nossa atenção. É comum experimentarmos uma sensação inquietante de que alguma coisa está nos incomodando, e então constatamos que isto começa a nos afetar e a fermentar em nosso íntimo.

Fazer um levantamento de nossas perdas nos empurra para uma jornada arrojada rumo à autoconsciência e à compreensão. Talvez venhamos a perceber a existência de uma dor e uma tristeza há muito sufocadas porque tentamos nos convencer de sua insignificância. Talvez nos descubramos atrelados a essa dor e a essa tristeza em razão da nossa recusa em nos desapegarmos de ambas, da relutância em aceitar o que a vida e o crescimento nos exigem.

Reconhecer a singularidade de tudo aquilo a que estamos vinculados, e das próprias conexões, tem o potencial de se converter no primeiro passo da superação da perda. Ninguém pode nos dizer o que alguém ou algo significava para nós. Somente nós podemos determinar esse significado para nós mesmos e discernir o que perdemos.

Expressar os sentimentos

Na segunda etapa do luto, manifestamos todos os sentimentos e emoções evocados quando admitimos nossas perdas.

À proporção que reconhecemos o que perdemos, a dor busca desafogo e, no entanto, tendemos a reprimir aquele sentimento que luta para ser liberado porque aprendemos a temer comoções. Porque a possibilidade de nos descontrolarmos nos aflige. Porque nos ensinaram que reações emocionais "ofendem" os outros. Todavia, a expressão salutar e significativa das emoções auxilia-nos na transição das fases do luto.

Chorar, lamentar-se, deliberada e conscientemente, é a única maneira de assimilar, de incorporar nossas perdas e levar uma vida saudável. Sendo o luto doloroso, acabamos instigados a pensar que podemos evitá-lo – bem como todas as emoções concomitantes. Porém, quando procuramos nos esquivar de nossas emoções, a inevitabilidade da dor apenas se entranha dentro de nós e emerge em algum outro momento, talvez quando passemos por uma nova experiência de perda. Então é provável que nos perguntemos por que nos sentimos tão mal sobre alguma coisa que não era tão relevante assim. Se reprimidos por muito tempo, os sentimentos acabam se manifestando de formas perniciosas. A tristeza profunda torna-se ácida, podendo transformar-se em raiva crônica, cinismo e até violência.

Exteriorizar as emoções é crucial para vivenciarmos um processo de luto edificante. As emoções são dádivas de Deus. E afloram sem uma decisão consciente de nossa parte. Se as acolhemos, se lhes prestamos atenção e as expressamos de maneiras apropriadas e significativas, podemos aprender muito sobre nós mesmos e superar a dor.

Escolher desapegar-se

Por fim, superamos a dor quando optamos por mudar certos hábitos que nos mantêm atados à pessoa ou àquilo que perdemos. Conforme nos ajustamos à perda, por meio da honestidade intelectual e liberação emocional, entendemos que é necessário modificar algumas de nossas atitudes.

Negar-se, por um longo tempo, a redecorar o quarto de uma criança falecida ou a doar seus pertences pode ser uma negação da morte daquela criança. Quando a morte é reconhecida e lamentada, o provável é que nos comportemos de um modo mais espontâneo, em sintonia com a realidade. Neste caso, os pais podem decidir distribuir o que está guardado às comunidades carentes, ainda que tal ato de desprendimento seja emocionalmente doloroso.

Filhos, depois de perderem os pais, têm que organizar os bens deixados – vender alguns, doar ou descartar outros. Vender a casa da família talvez seja a última despedida – tanto dos pais quanto da perda sofrida.

Como utilizar as reflexões deste livro

Cada uma das reflexões começa com uma pequena oração, que nos auxilia a nos pormos, conscientemente, na presença de Deus e a nos concentrarmos na meditação.

Segue uma história baseada em experiências vividas por meus pacientes ou outras pessoas. O objetivo do relato é ajudar você a entrar em sintonia com a sua própria história, evocando lembranças e as emoções experimentadas ao enfrentar perdas semelhantes.

Logo após, um comentário e algumas dinâmicas. No decorrer da execução das dinâmicas, talvez você descubra haver absorvido uma perda apenas num nível estritamente intelectual. Apesar de reconhecer o acontecido, quaisquer manifestações de seus sentimentos continuam reprimidas. É possível que algumas dinâmicas exijam mais do que aquilo com que você se sente preparado para lidar. Seja gentil consigo mesmo e não faça nada que lhe pareça duro em demasia. Em outras palavras, escolha as reflexões adequadas à fase que você estiver vivendo. À medida que as reflexões sucedem, fica claro que as dinâmicas sugeridas são similares, entretanto cada uma delas é elaborada sob medida para o enfoque de uma determinada questão. As três etapas do luto são fundamentalmente as mesmas, seja qual for a razão da profunda tristeza.

Depois dos comentários e dinâmicas, são apresentadas algumas passagens da Bíblia e uma breve oração final, com o propósito de oferecer inspiração e consolo. Se desejar, leia ambas após cada seguimento da reflexão.

E o mais importante: lembre-se de que a sua dor é *sua*. Debruce-se sobre as reflexões que atendam às suas necessidades do momento. Este não é um livro cuja leitura tenha que ser sequencial, da primeira à última página. Recorra às reflexões que você julgar oportunas e pertinentes. Reserve as demais para quando a morte e a vida encorajarem você a buscá-las.

Outros recursos

Aqui estão algumas outras sugestões de como usar o material deste livro.

Crie um espaço sagrado – Jesus disse: "Mas quando rezares, entra no teu quarto, fecha a porta e reza ao teu Pai que está no oculto. E o Pai, que vê no oculto, te dará a recompensa" (Mt 6,6). Se a luz de velas e a música terapêutica ajudam você a se concentrar, não hesite em utilizá-las para criar um espaço de oração.

Abra-se para o poder do sofrimento – Toda experiência humana, inclusive o luto, tem uma dimensão religiosa. Consternar-se pode expandir sua mente e ampliar sua visão. Esteja aberto para as maneiras como Deus está conduzindo você através da dor. Suas emoções são mensagens de Deus, capazes de revelar muito sobre a sua jornada espiritual. O sofrimento consciente possibilita a consolidação do seu desejo de agir. A dor vivenciada numa atitude orante permite que Deus fortaleça sua vontade e capacite você a viver mais plenamente.

Leia cada reflexão antecipadamente – Ao ler uma reflexão com antecedência, talvez você descubra que aquele tema não ressoa em sua alma. Ou então constate que, embora seja um tópico importante, você se encontra apenas nos primeiros estágios do processo de assimilação e superação. Não tente executar todas as dinâmicas de uma vez. Não se apresse.

Tente fazer anotações ou escrever em um diário – Escrever é um processo de descoberta. Dedicar-se a este exercício por qualquer período de tempo, anotando, com franqueza, o que está em sua mente e em seu coração, não só ajudará você a desencavar muito mais sobre o sofrimento que o abate e a força para lidar com a dor, como trará à tona outras coisas guardadas em seu íntimo.

Escrever cartas ou compor diálogos costuma ser uma ferramenta de enorme auxílio. É expressivo o número daqueles que, ao perderem entes queridos – em particular quando palavras importantes deixaram de ser proferidas – dão-se conta de que escrever uma carta para a pessoa amada é uma maneira de, enfim, dizer o que precisava ser dito.

Os diálogos podem incluir outras pessoas, animais de estimação, habilidades, emprego, e assim por diante. Conceber diálogos nos auxilia a enxergar o mundo de uma perspectiva diferente. Talvez possa lhe parecer estranho no início, porém é uma estratégia que possibilita *insights* úteis e o alívio de tensões não resolvidas. Sem preocupar-se com gramática ou ortografia, esforce-se para escrever o diálogo como se fosse o *script* de uma peça teatral. Um diálogo com o emprego perdido, por exemplo, começaria desta forma:

Eu: Onde será que eu errei?

Emprego: Não deu nada errado. Seu único problema foi ter passado a se identificar excessivamente comigo.

Eu: O que você quer dizer com isso? Eu poderia ter mantido ou largado você, a qualquer instante.

Emprego: Sim, é verdade. E é por isso que você está se mordendo de raiva.

Caso você nunca tenha utilizado a escrita como um meio de reflexão, experimente. Comece um diário. Releia os registros posteriormente, caso se sinta inclinado.

Rituais como auxílio ao desapego – Em algum momento – você saberá quando chegar a hora – é possível que surja, em seu íntimo, a vontade de se desapegar da dor com o auxílio de um ritual. Escrever o nome do que foi perdido – seja uma pessoa, sonho, habilidade, ou qualquer outra coisa – num pedaço de papel e depois, dizendo uma prece, queimá-lo com incenso, é considerado por muitos um ritual bastante apropriado. Há também aqueles que encontram conforto fazendo barquinhos de papel, pintando-os com alguma lembrança da perda e então colocando-os num riacho ou num lago, para que naveguem rumo ao horizonte.

Elabore um ritual pessoal – Orações, poemas, música, inclua tudo o que desejar. Porém, não deixe de anexar uma ação de desapego. Repito: rituais não são soluções rápidas para neutralizar o luto, todavia costumam ser um poderoso auxílio. O luto tem o seu próprio ritmo.

- Como é o seu jeito de ser? Que tipo de escolhas você tende a fazer? De que maneiras você expressa sua dor ao lidar com as perdas sofridas?
- O seu modo de ser ajudou você no passado, ou você continua cheio de raiva e chateado, agarrando-se a pessoas e coisas perdidas?

Conclusão

Cada perda – e o consequente sofrimento – nos apresenta escolhas. Podemos optar por superar a perda, experimentar toda aquela dor e sair desse processo amadurecidos, ou então refutar reconhecer a perda, nos prendermos ao que já se foi e reprimir a angústia. Podemos também permanecer acorrentados ao próprio sofrimento, a ponto de nos negarmos a seguir em frente, transformando a tristeza crônica num estilo de vida.

A nós é dada a oportunidade de "ter vida em abundância" e de alcançarmos a plenitude do eu através de todas as experiências pelas quais passamos – as felizes e as amargas. Deus nos criou de modo tal que não há necessidade de procurarmos fora de nós os elementos necessários para crescermos e chegarmos à plenitude. Sempre temos opções. Podemos encarar as perdas que a vida nos impõe, libertar-nos de suas amarras e crescer por meio do sofrimento. Ou nos recusarmos a nos desapegar, nos convertendo em sofredores crônicos e trabalhando contra o nosso próprio crescimento.

Acordar para a natureza integradora da perda em nossa vida não significa que devemos gostar da perda ou da dor que a acompanha. Significa, apenas, que devemos reconhecer a maneira como as coisas são neste universo, admitir que a nossa vida segue o mesmo padrão de todas as outras criaturas e responder com um sim plenamente humano ao processo.

"Felizes os que choram" (Mt 5,4) parece uma afirmação enigmática quando estamos mergulhados na tristeza. Bem-aventurança e felicidade, entretanto, requerem completude, inteireza e retidão. A perda é um convite à renovação, ao nascimento, à vida. Na verdade, só atingimos a plenitude quando, de forma adequada, abrimos o nosso caminho através das muitas perdas. A única maneira de virmos a "ser consolados" (palavras que completam a beatitude citada em Mateus) é nos entregarmos à dor. O sofrimento consciente, genuíno nos leva ao consolo prometido por Jesus.

• Você passou por experiências que lhe permitiram enxergar, com clareza, o padrão de perda como um trampolim para o seu crescimento ou para uma nova vida?

• Você é capaz de dizer sim para o que quer que ainda lhe causará pesar?

Doze diretrizes para lidar com a dor
1. Nem todas as perdas são do mesmo tipo ou magnitude.
2. Todas as perdas podem se converter na base de uma nova vida.
3. As perdas são únicas para cada indivíduo, porque sofremos tanto pelo que se foi quanto pelo significado que lhe havíamos atribuído.
4. Mudança sempre implica perda, ainda que esta mudança seja bem-vinda.

5. Assim como nossas perdas são únicas, também o são as maneiras como as enfrentamos.
6. A perda desperta uma ampla gama de emoções, quer as admitamos ou não.
7. Encontraremos a estrutura de nós mesmos em nossa própria história de perdas, em especial no modo como decidimos lidar com elas.
8. Embora não nos seja possível controlar as perdas que a vida nos impõe, podemos escolher o que fazer com elas.
9. Sofrer é um mistério. O Filho de Deus suportou o sofrimento e a morte por amor a nós, por solidarizar-se conosco. Mas Ele nunca explicou por que sofremos.
10. A graça de Deus nos oferece a escolha de transformar perdas em vida abundante.
11. O Espírito habita em nós, sofre conosco, nos consola. E irá nos guiar até a ressurreição.
12. O crescimento através da dor envolve três passos:
- reconhecer, abertamente, o que foi perdido;
- expressar nossos sentimentos à medida que admitimos a perda;
- escolher mudar tudo aquilo que nos mantém amarrados à perda.

REFLEXÃO 1

Envelhecimento
"Quem é aquela velha no espelho?..."

·········· *Oração inicial* ··········

Deus eterno e imutável, o seu amor por mim é incondicional e perene. Ajude-me a olhar para mim mesmo e para minha vida com os seus olhos. Você me ama em cada um dos estágios da minha existência. Conceda-me a graça de confiar plenamente em você e de me dispor a mudar e a crescer todos os dias.

··············

História

"De vez em quando, não posso acreditar no que vejo quando me olho no espelho", disse Betty. "Por dentro, não me sinto com nenhuma idade específica, mas quando me vejo no espelho, fico chocada! Não consigo deixar de pensar, 'Quem é aquela velha?'"

Betty orgulhava-se de permanecer ativa e cheia de entusiasmo pela vida. Além de se esforçar para conservar-se esbelta, procurava viver de maneira saudável. Exceto por algumas dores e mazelas sem importância, não tinha histórico de nenhuma doença grave. Ainda assim, tornava-se cada vez mais ciente, e atônita, diante das mudanças em seu corpo à medida que envelhecia. Embora tentasse bloquear essa percepção na maior parte do tempo, acabava se surpreendendo com a idosa refletida no espelho, que a encarava com uma expressão consternada.

Numa conversa com amigas, Betty comentou: "Comecei a participar das aulas de aeróbica e estou gostando muito. Demorei um pouco até ser capaz de seguir o ritmo da turma. Porém, quando olho ao redor, para as pessoas mais jovens, enxergo, com clareza, como eu costumava ser. Todos aqueles músculos definidos, fortes!"

Betty sabia que as mudanças que haviam se infiltrado, gradualmente, em seu corpo, persistiriam. Sempre considerara a pele e os cabelos claros seus melhores atributos. Agora, notava o aparecimento de fios grisalhos, rugas e manchas senis, ainda que o seu sorriso luminoso compensasse algumas das marcas do envelhecimento.

Leitora voraz, Betty mantinha os óculos bifocais dependurados em volta do pescoço e não se imaginava mais sobrevivendo sem eles. Os óculos transformaram-se em itens imprescindíveis nos restaurantes, para conseguir ler o cardápio, e na igreja, para acompanhar a celebração. Ler placas de rua convertera-se num desafio e a última vez em que fora renovar a carta de motorista, precisara pôr os óculos para o teste de visão. Jogar tênis por um tempão, como antes, era impraticável, tampouco faxinar o dia inteiro sem uma pausa para descanso. Quando mais jovem, atirava-se ao trabalho pesado e só parava quando terminava tudo, sentindo-se apenas agradavelmente fatigada.

Numa ida recente ao cinema, ao comprarem os ingressos na bilheteria, o funcionário perguntara à Betty e ao seu marido, Jim, se ambos não teriam direito ao desconto para "idosos". Embora apreciassem a redução do preço, a pergunta os abalara. "Será que *parecemos* tão velhos assim?", os dois questionaram-se mutuamente.

Betty reconhecia estar vivendo agora, em vários aspectos, o seu melhor momento. Lia com avidez, não temia arriscar pratos novos na cozinha e descobrira o prazer da pintura em aquarela. De certa forma, tinha muito mais autoconfiança e, como nunca, valorizava as numerosas dimensões da sua vida.

Contudo, às vezes, a tristeza se insinuava e Betty indagava-se quem realmente era e em que ponto da jornada estaria. Ao longo dos anos, perdera tantas pessoas, e tantas coisas que conhecera e amara. Impossível não pensar na possibilidade de já haver vivido metade da sua vida. O fato de que, provavelmente, não teria mais chance de realizar tudo aquilo que sonhara a abalava. Nunca, jamais, voltaria a ser aquela pessoa que costumava ser. "Como é difícil envelhecer", ruminava.

Comentário

Até entrarmos na meia-idade, agimos como se envelhecer não tivesse nada a ver conosco. Por volta dos 40 anos, experimentamos a sensação de que o envelhecimento se insinua sorrateiramente e se apodera de nós sem que o percebamos. Todavia, mesmo depois dos 40 anos, prosseguimos não acreditando muito nisto. Afinal, permanecemos ativos, com boa aparência. Ninguém sabe que estamos envelhecendo – especialmente nós mesmos. Além de tudo, ainda somos importantes para a nossa família e continuamos trabalhando bastante.

Entretanto, de vez em quando, a verdade irrompe e nos lembra que o tempo não para. A vida está fazendo conosco o que faz por todas as criaturas vivas – está fluindo sem cessar até a morte. A espantosa percepção da progressão inexorável da nossa existência começa a nos assustar.

As perdas não são todas tardias, porém, nós as desconsideramos alegremente naqueles primeiros anos porque tantas coisas novas estão surgindo em nossa vida. Crescer nos delicia. É claro que, desde cedo, estamos cientes de que a morte acontece. Talvez percamos nossos avós. Sabemos que pessoas morrem em enchentes, incêndios e acidentes. É possível que tenhamos tido que enterrar nosso amado *pet*. Mas a preocupação com a nossa morte quase nunca vem à tona.

Lá pela meia-idade, a realidade da nossa própria morte – furtiva ou tempestuosamente – mostra a cara. Já não é fácil ignorar os sinais de mudança em nós. Enxergamos pele enrugada, cabelos brancos, músculos flácidos, nossa energia minguando rapidamente. Ficamos horrorizados e, bem no fundo, apavorados.

Confrontados com o nosso próprio fim, queremos nos rebelar. De repente, quarentonas e quarentões inundam as academias, adeptos entusiasmados das caminhadas vigorosas e dietas com baixo teor de gordura. A despeito de conservar força física, boa saúde e aparência agradável e atraente ser uma opção sensata em qualquer idade, podemos ir longe demais tentando manter a ilusão de uma juventude que já passou – às vezes, muito, muito tempo atrás. Isto é negação.

Por havermos crescido em uma sociedade que glorifica a juventude, talvez tenhamos adotado, consciente e inconscientemente, valores culturais em relação ao processo de envelhecimento. Quando, na meia-idade, ansiamos pela juventude, desvalorizamos quem somos e como somos. Alguns de nós chegam quase a se desculpar por sua idade.

Na metade da vida, as perdas sucedem num ritmo crescente. Amigos e familiares mudam-se para outros lugares, ou a morte os leva embora. Os empregos também mudam e a aposentadoria se avizinha. Já não vemos muita possibilidade de realizar sonhos e esperanças há muito acalentados. De forma gradual, enfermidades crônicas e certos transtornos que pensávamos afligir somente os idosos começam a dar sinais. Estamos nos deparando com a nossa vulnerabilidade.

Não raro, gastamos nossa energia esforçando-nos para tornar irreais as perdas decorrentes do envelhecimento. Não ganhamos nada fingindo que envelhecer é fácil. Na juventude, mudança, quase automaticamente, significa ganho. Essa norma foi incutida em nosso corpo em desenvolvimento. Contudo, na meia-idade e além, o crescimento e o ganho dependem de nós. O primeiro passo para crescer ao longo do processo de envelhecimento é reconhecer as perdas.

Nós nos abrimos às oportunidades quando estamos dispostos a encarar as perdas inerentes ao envelhecimento, o que nos permite experimentar e aceitar todos os sentimentos envolvidos. Não há nada que nos incite mais a encontrar um sentido para a própria vida do que envelhecer procurando crescer em meio à subtração.

Dinâmicas de reflexão

♦ Acomode-se numa posição confortável, relaxe. Inspire fundo algumas vezes e invoque a presença do Espírito Santo. Imagine-se assistindo a um vídeo gravado no transcorrer de todas as fases da sua vida. Lá estão desde suas fotos de bebê até as mais recentes. O controle da velocidade do vídeo é seu, portanto é possível avançá-lo devagar. Nos momentos-chave, pressione a tecla mental "pausar" e reflita sobre sua aparência, sobre o que você era capaz de fazer, sobre como se sentia na época.

Após desligar o vídeo mental, elabore uma lista de tudo o que você tem ganhado e perdido com a passagem dos anos. Confronte aquelas perdas que continuam sendo particularmente duras. Conscientize-se das emoções despertadas por esses pensamentos e deixe-as fluir.

♦ Analise as fotos em que você enxerga beleza e bondade. Quão próximas são do padrão imposto pela moda? Suas fotos dificultam a aceitação do seu próprio envelhecimento? É necessária alguma mudança?

♦ Conceba um diálogo entre a parte de você que não quer envelhecer e aquela outra, disposta a aceitar o processo. Registre o diálogo em seu diário. Então converse com Deus sobre o que você constatou.

♦ Pense no que tem sido mais custoso vivenciar na sua idade atual. Pondere todas as perdas causadoras da sua angústia. Anote-as em seu diário, e também as emoções que elas suscitam. O que está impedindo você de se desapegar de suas perdas e seguir adiante? Você quer seguir em frente? O que seria preciso para que isto aconteça?

♦ Imagine-se se afastando e olhando para a sua vida a distância. Você se vê em algum lugar no meio do caminho – parte da estrada já foi percorrida e a outra ainda não despontou no horizonte. Como você quer viver o que está por vir? O que poderá ajudar você a agir de acordo com o seu desejo?

♦ Visualize-se tomando cada uma de suas perdas nas mãos. Agradeça ao que quer que tenha sido perdido por haver agregado tanta coisa boa em sua vida. Em seguida, libere as perdas, uma a uma. O ato de desapego pode ser acompanhado de algumas palavras: "Sou grato por todas as dádivas que você me trouxe e agora, em nome do meu crescimento e da minha mudança nesta etapa da vida, liberto você e o envio de volta para Deus, fonte e origem de tudo".

Outra sugestão é criar um ritual. Escreva suas perdas em pedacinhos de papel, talvez diferenciando-os com canetas coloridas. Num local reservado, ore e lamente cada uma de suas perdas em voz alta. Por fim, queime os pedacinhos de papel, agradecendo a Deus por aquilo que um dia fez parte de sua vida. Então desapegue-se.

♦ Ore com a Palavra de Deus. Reflita sobre o que nos permite crescer "em sabedoria, idade e graça diante de Deus e das pessoas" (Lc 2,52).

A Palavra de Deus

Enganosa é a graça, fugaz a formosura;
a mulher que teme o Senhor merece ser louvada.

Pr 31,30

Bondade e amor certamente me acompanharão
todos os dias de minha vida.

Sl 23(22),6

Tu és minha esperança, Senhor Deus,
és minha confiança desde a minha juventude.
Em ti me apoiei desde o ventre materno,
das entranhas de minha mãe me separaste;
tu és motivo para o meu louvor constante.

Sl 71(70),5-6

Ó Deus, tu me instruíste desde a minha juventude,
e até hoje venho divulgando tuas maravilhas.
Mesmo na velhice e de cabelos brancos,
não me abandones, ó Deus,
para que eu possa anunciar tuas proezas às
gerações futuras.

Sl 71(70),17-18

.... *Oração final* ....

Ó Deus, você continua comigo no processo do meu envelhecimento, segurando-me em suas mãos enquanto me esforço para crescer em sabedoria, em estatura e em graça ao seu lado. Ajude-me a ter apreço por cada dia e cada etapa da minha existência, vivendo-os plenamente, com gratidão e alegria.

REFLEXÃO 2

Relacionamentos
"É horrível se sentir tão sozinha..."

.... *Oração inicial* ....

Deus misericordioso, acolha-me em minha dor pelos relacionamentos perdidos. Conceda-me a graça de ser verdadeiramente grato por todo o bem que me foi feito por meio daquelas pessoas que foram importantes na minha vida. Conduza-me em meio às emoções que, provavelmente, irão me devastar. Cure-me com o seu amor.

....

História

Jackie e Kathy moraram defronte uma da outra durante 12 anos. Seus maridos brincavam dizendo que iam construir uma passarela coberta ligando ambas as casas para que suas esposas pudessem ir e vir o tempo inteiro, sob sol ou chuva. A amizade das duas começara logo naquela primeira tarde, quando Jackie, Bill e família se mudaram para a rua. Ao avistar as crianças, Kathy fizera um bolo de chocolate e o levara para os novos vizinhos, como um gesto de boas-vindas.

Jackie convidara Kathy para entrar e tomar um café. Desde então, tornaram-se inseparáveis. "Foi um daqueles momentos em que a sintonia é imediata", disse Kathy. "Num instante percebi que Jackie era o meu tipo de pessoa. Nossos filhos também tinham quase a mesma idade. A única diferença é que Walt e eu temos três filhos e Jackie e Bill, dois."

Contar com alguém como Kathy revelou-se o maior presente para Jackie. Filha única, sempre desejara uma irmã com quem pudesse conversar sobre tudo. Embora inexistissem laços de sangue, Kathy se encaixava nesse perfil como ninguém antes. Jackie achava-se nas nuvens. No decorrer dos anos, as duas se ajudaram mutuamente de centenas de maneiras. Na época em que os filhos eram pequenos, se uma delas tinha algum compromisso ou precisava fazer compras, a outra se encarregava de cuidar das cinco crianças. As caronas transformaram-se em rotina, quer fosse para os jogos de futebol da escola, ou para o dentista. Quando os filhos chegaram à adolescência, Jackie e Kathy riram e choraram juntas, dividindo as alegrias e aflições daquela fase. Se envolvidas numa desavença ou desentendimento, tratavam logo de resolvê-los, e o desafio enfrentado as unia ainda mais. Ambas as famílias abriram seu lar e partilharam incontáveis refeições. Apesar de não haverem se tornado amigos tão próximos quanto as esposas, Walt e Bill gostavam-se bastante e apreciavam a interação de suas famílias. Sabiam que podiam contar um com o outro para praticamente tudo. Só não contavam com a transferência de Bill para Los Angeles.

Jackie mudara-se um ano e meio atrás e Kathy continuava não conseguindo se acostumar com a situação. Lembrava-se, com clareza, da noite em que a amiga aparecera chorando em sua casa, para lhe dar a notícia. "Temos que concordar com a proposta", Jackie dissera aos prantos. "A transferência do meu marido é inegociável. A empresa quer que ele implante um departamento como o que dirige aqui e não aceitará um não como resposta. Daqui a pouco nossos filhos irão para a universidade, portanto não podemos nos dar ao luxo de Bill abrir mão deste emprego."

A despeito das muitas lágrimas derramadas, a despeito da ardorosa torcida para que o acordo fosse desfeito, chegou o dia em que Kathy, Walt e filhos, parados no meio da rua, acenaram, com ar desamparado, para os seus maiores amigos, que partiam para a Califórnia. Após dois meses de contas telefônicas astronômicas, Jackie e Kathy concluíram ser necessário reduzir os gastos. Não obstante os planos de se reunirem em breve, de se encontrarem no meio do caminho, de passarem as férias juntas, nada acontecera. Agora escreviam-se de vez em quando, entretanto já não era mais a mesma coisa.

Para Kathy, a ausência de Jackie continuava devastadora. Os novos moradores da casa em frente pareciam querer manter distância. De qualquer modo, ninguém poderia tomar o lugar de Jackie, sua alma gêmea. Kathy sentia-se como se parte de si houvesse desaparecido. Ainda que sua família e os outros amigos fossem amorosos e presentes, ainda que seus afazeres a mantivessem ocupada, um dia Kathy se surpreendeu olhando para a casa que fora de Jackie e murmurando: "É horrível se sentir tão sozinha". Ela não compreendia por que não conseguia se livrar daquela profunda tristeza e seguir adiante com sua vida.

Comentário

Nem sempre nos damos conta de que os relacionamentos desempenham um papel extremamente significativo em nossa vida. Eles são parte do nosso mundo e da estrutura do nosso ser.

Quando um relacionamento importante chega ao fim, nossa tristeza às vezes é tão esmagadora, tão profunda, que nos aturdimos. Talvez só venhamos a compreender a dimensão daquela convivência depois de perdê-la. Nós nos repreendemos por nos sentirmos no fundo do poço. "Parecia até que ela tinha morrido, ou algo assim", disse Kathy. Entretanto, a partida de um amigo ou o fim de uma relação relevante é, de fato, uma espécie de morte.

Nenhum de nós conserva todos os vínculos criados ao longo do tempo, porém alguma coisa nos impele a tentar. Amigos do colégio e da faculdade – aqueles que juramos que seriam nossos melhores amigos eternamente – se espalham pelo país e perdemos o contato. Quando tornamos a nos encontrar, talvez numa reunião comemorativa, descobrimo-nos conversando com virtuais estranhos e nos perguntando por que nossos amigos mudaram tanto. Na ânsia de aceitar uma promoção, começar um novo emprego ou nos aposentarmos, acabamos constatando que dentre as vítimas da mudança também estão a intimidade com amigos importantes e a perda de colegas de trabalho a quem estimávamos.

É evidente que as circunstâncias envolvendo a ruptura têm peso no processo de cura. Quando o rompimento acontece sem que sejamos culpados – como no caso da transferência de Bill, que ilustra esta reflexão –, em geral a tristeza e a sensação de vazio predominam. É como se houvesse em nós agora, no lugar que nosso grande amigo ocupava, apenas uma enorme lacuna. Essas perdas não nos desnorteiam e, embora não as queiramos, as entendemos. Perdas assim tendem a ser superadas mais depressa, pois as emoções despertadas são esperadas, nítidas e brotam de forma natural.

Contudo, o fim amargo de um casamento ou de uma sociedade de longos anos pode nos arrasar. Em tais situações, ouvimos desabafos como: "Seria mais fácil para mim se ela tivesse morrido. Achei que toda a dor acabaria quando nos separássemos, mas às vezes parece que fica ainda pior". Não importa quão pavoroso o casamento ou a sociedade tenham sido porque as emoções resultantes – raiva, fúria, culpa, tristeza e frustração – são capazes de exceder, e muito, a sensação de alívio.

Quando é o outro que decide romper a relação, valendo-se de argumentos do gênero: "Eu não te amo mais", "Encontrei alguém com quem prefiro ficar", nossa autoestima despenca. Além de nos sentirmos desprezados e sem valor, somos golpeados por uma profusão de emoções desordenadas. O impulso de culpar e agredir a fonte do nosso sofrimento mescla-se, e às vezes ultrapassa, a melancolia e o sentimento de perda. Chega um momento em que começamos a nos indagar o que fizemos para merecer tamanha rejeição. Enquanto nos culpamos, debatemo-nos com um misto de raiva, tristeza e depressão.

Esmiuçar esses sentimentos parece impossível. Mesmo que sejamos quem opta por romper o vínculo – ainda que por bons motivos –, é provável que tenhamos que brigar com aquela voz interna, que insiste em lançar a culpa sobre nós. Não raro precisamos reabrir a caixa de lembranças incontáveis vezes para confirmar nossa escolha de cortar o laço. E a necessidade de lamentar o que foi perdido é inevitável.

Outras emoções complicam a experiência de perda, em especial o medo – medo de lidar com os desafios financeiros, de administrar a vida por conta própria, de assumir total responsabilidade pelos filhos, de não conseguir manter bons relacionamentos, de passar o resto da vida sozinho.

Não existem rituais formais que nos ajudem a enfrentar a dor profunda causada pela morte de uma relação. Em seus esforços para nos consolar, há quem, equivocadamente, nos parabenize, dizendo como fomos inteligentes nos "livrando" daquela pessoa e até nos contando coisas sobre ela que desconhecíamos. Quase nunca os outros nos dão chance de expressar o que de fato sentimos. A morte de um relacionamento é uma perda significativa, poderosa. É imperativo que a lastimemos a fim de nos desapegarmos e sermos confortados.

Dinâmicas de reflexão

♦ Sente-se calmamente, respire fundo e relaxe. Encontre uma posição confortável. Começando com o mais recente, identifique os relacionamentos importantes que chegaram ao fim por quaisquer outros motivos que não a morte. Faça uma retrospectiva da sua vida. Anote todas as suas perdas em seu diário. Lembre-se de cada pessoa com quem você criou vínculos sólidos – como se conheceram, o que os aproximou, o que fizeram juntos, os melhores e os piores momentos do relacionamento, o rompimento final. Caso você tenha fotos ou objetos que o lembrem de uma dessas pessoas, coloque-os à sua frente para que estimulem a sua memória.

♦ Ao escrever em seu diário ou refletir sobre os relacionamentos perdidos, é possível que alguma perda em particular desperte sentimentos fortes. Neste caso, pare e pense sobre essa perda. Deixe todo o leque de emoções se abrir, expondo mesmo as desconfortáveis, aquelas que você tende a rechaçar. Encare seus sentimentos.

Se sentir vontade de chorar, chore. Se sentir raiva, encontre um modo de expressá-la – soque um travesseiro, escreva uma carta para a pessoa com quem você está enfurecido e depois queime-a ou rasgue-a –, ache um jeito de extravasar seu rancor de uma forma não destrutiva. Externar seus sentimos para alguém compassivo, que escute você sem julgá-lo, é benéfico. Quando considerar-se preparado para se libertar de alguma das emoções, diga uma prece para marcar o momento: "Ó Deus, coloco toda a minha raiva, dor e tristeza em suas mãos. Por favor, ajude-me a _____".

É possível que este exercício tenha que ser repetido várias vezes.

♦ Sem se preocupar com o fato de ter ou não dotes artísticos, faça um desenho de como você se sente em relação ao rompimento com alguém que era importante em sua vida. Componha a ilustração de uma só vez. Não se censure de maneira alguma. Exprima, livre e espontaneamente, como você está se sentindo naquele exato instante.

Terminada a tarefa, pondere o que o desenho revela. Então guarde-o e, depois de alguns dias, torne a analisá-lo. Pergunte-se se você está pronto para se desapegar daquele relacionamento, ou se ainda existe algo impedindo-o de virar a página. Se estiver pronto para seguir em frente, use a ilustração como um rito de liberação.

♦ Talvez você esteja no auge da comoção devido ao fim recente de uma relação. Procure ser objetivo quanto ao que você perdeu na esteira daquele término. Posição? Prestígio? Segurança? Companheirismo? Conexões? Preste atenção nas emoções e no que elas estão expressando. Deixe-as fluir. Peça ao Espírito Santo para permanecer ao seu lado e conceder-lhe a graça do desapego.

♦ Quer um relacionamento termine em sofrimento, em tristeza dilacerante ou em pungente gratidão, cada um deles lhe trouxe alguma coisa positiva. Analise sua lista de relacionamentos perdidos e reflita sobre como cada uma daquelas pessoas ajudou você a se tornar quem você é hoje. Reze por elas.

♦ Por fim, ore, ciente de que neste mundo tudo é passageiro, inclusive as relações significativas. Peça a dádiva de ter apreço pelos relacionamentos que são importantes em qualquer etapa da sua vida e neles encontrar alegria.

A Palavra de Deus

Pode uma mulher esquecer seu bebê,
deixar de querer bem ao filho de suas entranhas?
Mesmo que alguma esquecesse,
eu não te esqueceria!
Eis que eu te desenhei na palma das mãos.

Is 49,15-16

########## *Oração final* ##########

Ó Deus, cada pessoa que fez parte da minha história ainda permanece viva em mim. Cure a minha dor pelos relacionamentos rompidos e separações dolorosas. Obrigado por todas as dádivas que me foram dadas pelas pessoas significativas que cruzaram o meu caminho. Ajude-me a continuar amando, embora eu saiba o quanto amar pode me custar.

REFLEXÃO 3

Empregos ou funções
"Nada do que eu faço tem mais importância..."

.... *Oração inicial* ....

Amigo santo, esteja ao meu lado neste momento em que sofro pelas funções e pelos empregos perdidos. Que eu possa aceitar o fato e seja capaz de enxergar que, para além da dor e da aflição, existe uma nova oportunidade à minha espera. Permita-me crescer na fé e na esperança.

....

História

Jeremy decidiu se especializar em administração hospitalar por dois motivos: não só acreditava em seu potencial de vir a ser um bom gestor, como desejava ajudar os necessitados. Tal perspectiva o levou a considerar seu trabalho como algo além do que "apenas um emprego".

Numa carreira construída ao longo de 15 anos, Jeremy passou da residência em gestão hospitalar a posições de crescente responsabilidade. Focado em agregar conhecimentos na sua área, procurava, constantemente, desenvolver e aprimorar novas competências. Confiante de haver feito algumas contribuições importantes para o seu hospital, ele se firmou no cargo, certo de que permaneceria ocupando-o pelo resto de sua vida profissional.

Após alguns anos de relativa estabilidade, a administração do hospital mudou de maneira súbita e traumática para Jeremy. Seu contentamento esvaneceu-se. As tecnologias inovadoras não só alteraram rapidamente os procedimentos há muito existentes, como exigiram habilidades compatíveis, que muitos dos funcionários mais antigos não tinham. A burocracia sem limites, aliada às restrições econômicas, desencadeou demissões. Todas as áreas da administração foram esmiuçadas e nenhuma escapou incólume. Na posição de administrador assistente, Jeremy batalhou para auxiliar a equipe a atravessar aquele período conturbado, porém o moral do grupo não parava de cair.

Então o chão se abriu sob os pés de Jeremy. Sua posição foi eliminada visando à redução do quadro administrativo. Um gestor mais jovem e com salário mais baixo assumiu suas funções. Num piscar de olhos, Jeremy viu-se desempregado.

A princípio, não conseguia acreditar. Dedicara toda a sua vida profissional ao hospital. Trabalhara duro, nunca reclamara das frequentes horas extras e até recebera prêmios por seu excelente desempenho. A ideia de trabalhar em qualquer outro lugar era simplesmente inconcebível. Ele fazia parte daquele hospital. No lugar antes ocupado pelo emprego, um buraco desmesurado abriu-se em seu peito.

Fervilhando de raiva, Jeremy alimentava sua amargura com uma torrente de acusações e indagações: Era isso o que recebia por ser um bom funcionário? Essa a recompensa por sua lealdade? Os administradores remanescentes também foram engolfados na sua acidez. Por que ele e não os outros? Os outros eram melhores do que ele? As injustiças da vida, a deslealdade alheia, e até a aparente ausência de Deus, fomentavam o seu crescente rancor.

Ao mesmo tempo, questionamentos pessoais o torturavam: O que fiz para merecer isso? Será que eu não era tão bom quanto imaginava? Estou sendo punido por alguma coisa? Minha família depende de mim e os decepcionei. Será que isso vai mudar a maneira como eles se sentem a meu respeito? Será que tenho me enganado achando que sou competente? O que diabos vou fazer agora?

Jeremy começou a procurar emprego. Vários hospitais enfrentavam turbulências semelhantes, o que o levou a buscar trabalho em outros lugares. Além de estar sendo duro encontrar emprego, ele também lutava com suas emoções e sua perplexidade. Pela manhã, antes de conseguir sair de casa, o peso da depressão, a sensação de impotência e a dúvida soturna quanto à própria capacidade quase o paralisavam. Ao longo do dia, nas horas mais inesperadas, surpreendia-se à beira das lágrimas. E, sem mais nem menos, acabava descontando sua frustração na esposa e nos filhos, falando-lhes com aspereza na voz. Acima de tudo, Jeremy estava assustado – com medo de que sua vida nunca mais fosse a mesma, com medo de não poder cuidar de sua família e de que ninguém, jamais, voltaria a respeitá-lo.

Comentário

Muito cedo, logo nos primeiros anos de nossas vidas, aprendemos a importância do *fazer*.

Na realidade, nosso valor quase sempre está associado ao que fazemos. "Timmy, você não é um bom menino – olha só como derramou o leite." "Que menina maravilhosa é a Tracy. Ela sabe se vestir sozinha!" Tirar boas notas na escola, dividir os brinquedos, arrumar o quarto, obedecer aos pais são maneiras de demonstrar que somos crianças boas, merecedoras de amor e elogios.

Com o tempo, muitos de nós passamos a nos definir pelas funções que executamos. Estudamos, aprendemos um ofício, adquirimos experiência num determinado campo e dizemos a nós mesmos e aos outros: "Sou professor", "Sou consultor", "Sou sacerdote", "Sou mãe", "Sou encanador". Gerimos nossa vida ao redor do *fazer*; assim, ao conhecermos alguém, uma de nossas primeiras perguntas é: "O que você faz?"

Sem um emprego, sem assumir atribuições, é difícil encontrarmos nosso lugar no mundo e ganhar a vida. O exercício de um ofício nos ajuda a atingir a plenitude da nossa humanidade e contribui para o bem-estar da sociedade. Na melhor das circunstâncias, o que fazemos – o trabalho que realizamos e os papéis que desempenhamos – enriquecem o nosso *ser*. O *fazer* nos auxilia a nos tornarmos quem somos e a desenvolvermos nosso potencial. Todavia, quando pensamos que nossa identidade é definida pelo que fazemos, os problemas inevitavelmente surgem caso percamos o emprego ou o cargo que ocupamos.

Desde o nascimento do primeiro filho, nada tinha tanta importância para Sharon quanto ser mãe. Seus três filhos vinham sempre em primeiro lugar. Ser considerada "mãezona" dos filhos, e dos amigos deles também, soava-lhe como o elogio supremo. Entretanto, tão logo os filhos cresceram e começaram a sair de casa, Sharon entrou em parafuso. E chorava inconsolavelmente quando o último estava prestes a partir. Entender que os filhos já não necessitavam dela como antes foi um verdadeiro choque. "Sinto-me inútil. Quase não sei quem sou." O papel de "mãe" se transmutara na identidade primordial de Sharon e, diante do ninho vazio, sentira-se como se fora demitida.

Pranto semelhante derramam muitos aposentados. Quase todos gostam de contar o que faziam anteriormente. Um famoso técnico de futebol americano universitário declarou, durante sua festa de aposentadoria transmitida pela TV, que aquele esporte era sua vida.

Um mês depois, sua morte repentina abalou o mundo esportivo e levou muita gente a especular se, ao deixar suas funções, o técnico também deixara de viver. Quando a aposentadoria se insinua, é possível nos sentirmos despojados de nossa identidade, já não sabendo como simplesmente *ser*. Muito mais do que uma maneira de expressar o nosso *eu*, constatamos que o emprego *era* o nosso *eu*.

Quando um emprego ou funções detêm tamanho poder sobre nós, a ponto de converterem-se na nossa própria identidade, é imprescindível lamentar sua perda. Dizer a nós mesmos que não deveríamos nos sentir mal, tentar racionalizar as emoções convencendo-nos de que com a partida dos filhos adultos teremos mais tempo livre para nós, ou insistir na ideia de "apenas aproveitar bem a aposentadoria", não inicia o processo de cura da dor pela perda de um emprego ou posição. Na verdade, muitas vezes sequer reconhecemos quão profundamente nos identificamos com o nosso ofício ou com a função que desempenhamos até deixar de exercê-los.

Então tristeza, depressão, culpa, vergonha, medo, e uma aflitiva sensação de desamparo, nos invadem. A raiva explode, caso a demissão ou a perda das nossas atribuições tenham sido motivadas por terceiros. Expressar tais sentimentos cumpre um papel importante nesta fase.

Refletir sobre o significado do que fazemos agora nos prepara para lidar com eventuais perdas futuras. Podemos procurar descobrir o que nosso emprego ou papel significam para nós no momento presente. Podemos nos indagar: Será meu trabalho o aspecto central da minha vida? As funções que desempenho são quem sou?

Nossa maior preocupação deve ser quanto valor atribuímos ao que fazemos em relação a quem somos. Afinal, tendemos a minimizar tudo o mais que configura a nossa identidade. Numa conversa, uma de minhas pacientes comentou sobre sua diabetes: "Quando recebi o diagnóstico, pensei muito e tomei uma decisão. Nunca refiro a mim mesma como 'diabética', porque isso pareceria conceituar minha identidade e impregnaria tudo o que sou. Para mim, o mais acertado é dizer: 'Tenho diabetes'". Assim como minha paciente não se permite definir-se como "diabética", ninguém é *só* professor, enfermeiro, motorista de caminhão, comissário de bordo, ou seja lá o que for. Somos muito mais do que uma única faceta de nós mesmos.

Após reconhecer a perda de um emprego ou de uma função importante e manifestar nossos sentimentos, o passo seguinte no processo de luto é ponderar: "Sou mais do que isto. Essas são coisas que faço, e faço bem, porém não constituem minha identidade. Também sou artista, fã de esportes, bom amigo, cantor no coral da igreja, *mountain biker*, dançarino, cônjuge, filho – um ser humano multifacetado. O que sou perante Deus é a minha identidade mais importante. Tudo aquilo que faço só tem significado à medida que contribui para que eu me torne a pessoa que Deus me criou para ser".

A exemplo de outras perdas, a perda de um cargo ou de um papel nos afeta por inteiro, mas também nos oferece a oportunidade de crescer e desenvolver um senso de identidade muito mais amplo. Ao reconhecer a realidade de tais perdas, e quão profundamente nos abalam, somos capazes de superá-las. Conseguimos aniquilar seu poder de nos paralisar e de minar nosso senso de identidade.

Dinâmicas de reflexão

♦ Lembre-se de quaisquer empregos ou funções que você tenha perdido ou aos quais renunciou por vontade própria. Como essas perdas afetam você hoje?

Você ainda se agarra aos sentimentos experimentados na época? Que sentimentos são esses? Deixe-os emergir naturalmente.

♦ Se sua perda for relativamente recente, reflita a respeito dela sem pressa. Reconheça o que foi perdido e os efeitos dessa perda sobre você, seus relacionamentos e demais aspectos da sua vida. Permita que venham à tona vergonha, raiva, mágoa, medo ou quaisquer outras emoções que precisem ser manifestadas. Expresse-as com palavras escritas ou desenhos, caso esse seja um método capaz de ajudá-lo. Passe algum tempo na companhia de Jesus, derramando sobre Ele a dor da sua perda. Não guarde nada no peito. Clame ao Senhor por auxílio e cura.

♦ Respire fundo e peça ao Espírito Santo para estar ao seu lado, participando da sua reflexão. Escreva, talvez em seu diário, todos os papéis e funções com que você realmente se identifica. Deixe sua mente vagar em todas as direções. Uma boa maneira de iniciar a listagem seria: "Eu sou...", "Sou marido, sou pai, sou vendedor de seguros, ou fã de futebol" e assim por diante.

Terminada a enumeração dos papéis e funções que lhe ocorreram, é hora de classificá-los em ordem de importância. Algumas perguntas podem ajudar você nesse processo: Quanto tempo passo pensando neste papel ou função quando não os estou exercendo? Que outros aspectos da minha vida seriam afetados por quaisquer alterações dessas atribuições ou deste papel?

Completado o rol e a classificação, pondere o que você escreveu. Há algo surpreendente na sua lista? O que há de gratificante? O que é decepcionante? Você gostaria de fazer alguma alteração na listagem?

♦ Se uma perda tem sido particularmente difícil de superar, analise o que está impedindo você de virar a página. O que você ganha agarrando-se ao que já se foi? Os sentimentos reprimidos são a razão da sua inércia? Será que você alimenta falsas esperanças, pensando que, talvez, irá conseguir aquele emprego de volta? Você continua com tanta raiva das pessoas a ponto de não se permitir relaxar? Medite sobre essa situação e essas perguntas. Reze para que a luz de Deus conduza você para além dos bloqueios, rumo ao crescimento e à libertação.

♦ Algumas perdas do passado abriram novos caminhos para você? Depois dessas experiências, você passou a se enxergar sob uma nova luz? Como essas perdas levaram você a crescer? Converse com Deus, ou então escreva um diálogo em seu diário, sobre as perdas e os seus efeitos.

♦ Lenta e ponderadamente, repita a oração seguinte – baseada na Palavra de Deus – fazendo uma pausa entre cada repetição e deixando as palavras penetrarem sua alma: "O amor de Deus por mim é uma dádiva, uma graça a mim oferecida sem que eu a mereça".

A Palavra de Deus

Deus nos salvou e chamou com uma vocação santa, não em atenção às nossas obras, mas em virtude de sua própria decisão e de sua graça.

2Tm 1,9

.... Oração final ....

Ó Deus, você me ama gratuitamente. Permita que o meu trabalho e todas as funções que desempenho me ajudem a encontrar minha identidade em você. Obrigado por minha capacidade de trabalhar e desfrutar do que realizo. Cure-me da amargura que a perda de quaisquer papéis possa ter me causado. Que eu seja capaz de superar as perdas e me abrir ao crescimento. E que o meu fazer esteja tecendo, de uma maneira única, bela, generosa e plena, a trama da vida.

....

REFLEXÃO 4

Os bons velhos tempos
"Se ao menos as coisas pudessem ser como antes..."

·········· *Oração inicial* ··········

Ó Deus do meu passado, presente e futuro, ajude-me a viver plenamente este momento e a não tentar me refugiar no passado. Que as minhas lembranças, as agradáveis e as dolorosas, sejam um degrau para a inteireza. Você está comigo aqui e agora, Deus amoroso.

....

História

Os lençóis brancos e rígidos eram ásperos ao toque de suas mãos, ruminou Margaret, enquanto aguardava a enfermeira retornar. Em seus 79 anos de vida, só estivera hospitalizada uma única vez e preferiria não estar ali agora. Antigamente, podia cuidar de si e de sua família em casa, a despeito da natureza das enfermidades ou contusões. De fato, agradava-lhe pensar ter realizado um trabalho bastante bom nessa área. Com o auxílio indispensável do Dr. Williams, é claro. Como sentia falta dele!

Dr. Williams sempre fizera visitas domiciliares. Fora ele quem trouxera ao mundo os seus quatro filhos e quem acompanhara seu marido no decurso da doença que o levara à morte. Margaret confiara sua família ao Dr. Williams, e a recíproca fora verdadeira. Inúmeras vezes ouvira-o dizer: "Margaret, o que eu faria sem você?" Embora não tivesse nenhum treinamento especializado, ela compreendia e sabia cumprir à risca as instruções do médico, que a deixava à vontade para expressar suas preocupações e a escutava, solícito.

Como na ocasião em que tivera um pressentimento ao notar o modo como o seu primogênito – ainda bebê – estava agindo. Bastara chamá-lo e o Dr. Williams correra à sua casa sem hesitar. Felizmente, porque a criança, além de arder em febre, apresentava um início de pneumonia. O médico indicara banhos frios para ajudar a baixar a febre de imediato – sem os quais, provavelmente, o bebê não haveria sobrevivido.

Agora, porém, Margaret descobria-se temerosa e aborrecida consigo mesma. Desde a morte do Dr. Williams, 12 anos atrás, não se consultara com mais ninguém. E se não tivesse caído da cadeira da cozinha, não teria ido parar no hospital. Todas aquelas idas e vindas na sala de emergência aturdiam o seu senso de controle e de ordem.

Após chegar ao pronto-socorro, precisara esperar duas horas antes de ser atendida. Ao reclamar da dor no quadril, apenas o paramédico da ambulância lhe prestara atenção e procurara aliviar seu desconforto aplicando-lhe uma injeção. Na sala de emergência, alguns pacientes gritavam de dor, outros choravam. Vendo as enfermeiras passarem apressadas de lá para cá, Margaret decidiu perguntar o que havia de errado com o seu quadril. A resposta sucinta fora que, devido à fratura, o tratamento seria cirúrgico. A notícia – e a confusão reinante – a amedrontaram.

Enfim sozinha no quarto, rodeada pela quietude, Margaret conseguiu acalmar-se um pouquinho.

A enfermeira que a levara até ali mostrara-se afável. Esperava voltar a vê-la. Entretanto, depois dos rápidos exames conduzidos por três médicos diferentes – na sala de emergência e no raio X – Margaret sentia-se como se houvesse sido interrogada, esquadrinhada e espetada. O médico que iria operá-la era um completo estranho. Entregar-se nas mãos de um desconhecido a apavorava.

Enquanto aguardava a visita do cirurgião, ela desejou que as coisas pudessem ser como antes! Mais simples. As pessoas realmente se importavam umas com as outras então. As pessoas a escutavam. Seu médico era alguém que conhecia bem. Ainda que não tivesse acesso a todos os medicamentos e tecnologias existentes atualmente, o Dr. Williams realizara um ótimo trabalho e estivera sempre disponível para atendê-la. Hoje, tudo lhe parecia tão frio e impessoal.

A nostalgia do passado brotava em Margaret com frequência, deslanchando uma torrente de lembranças prazerosas: as visitas domiciliares do Dr. Williams e sua maravilhosa capacidade de transmitir tranquilidade; o jeito descomplicado de fazer as coisas; não ser preciso gastar dinheiro para se divertir; as roupas daquela época. "Por que as coisas não podiam simplesmente ser como antes?", Margaret murmurou, olhando para o quarto vazio. "Oh, os bons velhos tempos!"

Comentário

Sejam ternas ou triunfantes, as reminiscências são uma fonte de apoio e consolo. Na verdade, é principalmente em retrospectiva que enxergamos, com mais clareza, a mão de Deus em nossa vida.

Com todos os seus altos e baixos, nossa história, quando revisitada na calmaria, nos lembra as preciosas lições aprendidas. Laura, uma de minhas pacientes, comentou comigo: "Sabe, trabalho na cidade há anos, mas cresci no campo e as recordações daquela época continuam tão vívidas que me ajudam a relaxar em meio à balbúrdia!" As lembranças nos dizem quem somos e por onde temos andado.

Quando velhos amigos se encontram, quase toda a conversa gira ao redor de "Você se lembra quando..." Também as famílias não se cansam de repetir suas histórias favoritas. Jim, outro paciente, me confidenciou: "Só passei a ter realmente consciência do quanto meu irmão Mike significava para mim depois de parar e pensar em tudo o que vivemos juntos quando crianças". Recordar nos ensina o valor de algo que acreditávamos garantido, e nos oferece uma segunda chance de reunir as dádivas da nossa experiência.

Todavia, às vezes, não temos a mínima percepção do impacto que alguma coisa, ou alguém, causou em nós. Apenas mais tarde, ao evocarmos e ponderar o acontecido, é que sua importância se torna aparente. No entanto, essas mesmas lembranças têm o poder de impedir que vivamos e lidemos com o momento presente.

Somos constantemente bombardeados com mudanças e novidades. Mergulhados neste turbilhão, acabamos tentados a buscar refúgio num lugar seguro e estável, numa época menos conturbada. Assim, em nossa mente, voltamos a um tempo em que nos sentíamos serenos, relativamente felizes e não sobrecarregados de responsabilidades. Tal reação é um mecanismo de enfrentamento natural.

Outra maneira de evitar encarar o presente é ficar estagnado nos problemas e dores do passado. Prendemo-nos a lembranças dolorosas e as usamos como desculpas para as dificuldades atuais. A maioria de nós já ouviu outras pessoas – e talvez a si mesmo – queixando-se: "Minha mãe nunca me entendeu". "Ora, lembro-me da época em que... e é por isso que não sou bem-sucedido hoje."

Quando insistimos em permanecer acorrentados às nossas lembranças, quando não cessamos de repetir velhas histórias – não por sua sabedoria, e sim como uma forma de nos proteger do presente – é sinal de que estamos tentando controlar nossa vida. Mas trata-se de uma grande ilusão. A vida não se submete ao controle humano. Viver plenamente implica estar aberto para o abalo provocado pelos acontecimentos. Viver no passado é não admitir a entrada da aventura em nossa vida, porque o inesperado, o surpreendente, exige que nos lancemos no mundo *conforme o mundo é hoje*. Viver no passado é colocar uma viseira para que nos seja impossível enxergar o amplo leque de possibilidades da vida.

E, ainda mais importante, o Deus das surpresas e dos milagres tampouco se sujeitará ao nosso controle. Deus é o presente eterno que nos convida a vivenciar os encontros no *hoje*. Se subsistimos nas lembranças, perdemos os convites de Deus para o crescimento e a renovação no agora.

A fim de lamentar a passagem dos "bons velhos tempos", ou dos "maus velhos tempos", e então virar a página, temos que nos perguntar: O que é que me leva a me apegar a certas lembranças e não a outras? Por que concentro minha atenção numa determinada roupa, brinquedo ou reprimenda e me esqueço de outras roupas, brinquedos e elogios? Por que preciso continuar remoendo o passado? O que é que me aterroriza no presente?

A maneira como recorremos às nossas lembranças e reminiscências compete apenas a nós. Quando nos aferramos ao passado – em busca de segurança ou numa tentativa de fugir do presente – roubamos de nós mesmos a chance de viver plenamente. O crescimento só pode ocorrer no presente, porque o presente é tudo o que de fato temos. O desapego dos "bons ou maus velhos tempos" talvez seja doloroso, mas também é um caminho para o Deus amoroso, que irá nos acolher.

Dinâmicas de reflexão

♦ Aquiete-se, relaxe e respire fundo. Em seu diário ou numa folha de papel, anote o que lhe vem à mente com frequência sobre os "velhos tempos". Aquilo que você ainda preza, deseja, ou coisas que usa como desculpas e atrás das quais se esconde. Para facilitar a retrospectiva, procure recordar acontecimentos-chave específicos, ou sonhos acalentados na primeira década da sua vida, na segunda, terceira, e assim sucessivamente. Em seguida, escreva suas reflexões acerca das seguintes perguntas:

- Seus anseios e lembranças daquele tempo sustentam você no seu dia a dia ou são, principalmente, fonte de pesar por nada mais ser como antes?
- Existem certos momentos em que você se descobre refugiando-se nos "bons velhos tempos" preservados em sua mente? Experiências ou problemas específicos constituem o gatilho desse escape? Se for assim, que experiências ou problemas específicos são esses? O que as lembranças em questão ajudam você a evitar?

Peça a Deus as graças necessárias para que você possa se desapegar tanto dos "bons" quanto dos "maus velhos tempos", aos quais continua atrelado.

♦ Há um tema recorrente ou fio condutor em suas reminiscências? Todas as suas lembranças aludem a momentos de ternura e intimidade? Remetem à sensação de estar sendo cuidado? De não ter nenhuma responsabilidade? Giram em torno das múltiplas injustiças da vida? O que é possível você aprender a respeito da sua vida atual sob a perspectiva do tema recorrente ou do fio condutor de suas recordações? Como você pode desapegar-se de suas lembranças para que não afetem o presente de maneira negativa?

♦ Ao se surpreender relembrando tempos mais felizes e cálidos, experimente dizer esta oração: "Deus, agradeço todas as bênçãos derramadas sobre mim. Sou especialmente grato por _____. Que eu seja capaz de usar as dádivas recebidas para melhorar não apenas a minha vida, mas a dos outros também. Ajude-me a acolher o momento presente".

♦ Se você passa tempo demais lamuriando-se porque nada é como costumava ser, procure seguir os passos abaixo:

- Lembre-se de tudo aquilo que leva você a sentir saudades do passado.
- Agradeça a Deus pelas bênçãos subjacentes ou decorrentes de todas as dádivas recebidas e que agora lhe vêm à mente.
- Anote qualquer aspecto do "jeito antigo" que possa permanecer em sua vida de uma maneira salutar e como é possível integrá-lo ao seu modo de viver.
- Reflita sobre o que, em relação aos "velhos tempos", a vida talvez esteja pedindo a você para libertar-se.
- Permita-se experimentar quaisquer sentimentos de tristeza ou pesar aflorados.
- Trace um plano, antecipando como irá reagir quando aqueles velhos pensamentos ressurgirem e você se sentir tentado a alimentá-los. Em seu roteiro, inclua uma breve oração como esta: "Deus, obrigado por tantas coisas boas acontecidas no passado. Ajude-me a fazer de hoje um dia do qual também irei me lembrar com imenso prazer".

♦ Conceba um ritual do qual façam parte uma ação concreta, uma prece e, se desejar, sua música religiosa favorita. Então, use-o para entregar a Deus os sonhos inúteis e a nostalgia.

A Palavra de Deus

Este é o tempo propício, este é o dia da salvação.
2Cor 6,2

Este é o dia que o Senhor fez,
festejemos e alegremo-nos nele!
Sl 118(117),24

·········· Oração final ··········

Meu Deus, presente no agora, ensine-me a perceber quão maravilhoso é o hoje. Ao agradecer-lhe pelo meu passado e por todas as dádivas a mim concedidas, ajude-me também a viver plenamente no presente e a reconhecê-lo, Senhor, nas suas muitas maneiras de vir ao meu encontro em todo e cada momento.

·················

REFLEXÃO 5

Objetos significativos
"Sinto-me como se tivesse perdido o vovô outra vez..."

.... *Oração inicial* ....

Deus amoroso, ajude-me a perceber toda a extensão das dádivas a mim concedidas e a compreender quão significativas são. Que eu possa valorizar e apreciar essas dádivas enquanto as tenho e então desapegar-me. Dou-lhe graças, Senhor, por sua imensa bondade.

....

História

Uma das lembranças mais antigas de Jim era a de estar no colo do avô, aconchegado entre os braços fortes, sentindo o roçar suave da camisa de flanela. Vovô estivera sempre pronto para conversar, ouvir o seu choro, abraçá-lo e, às vezes, até para discutir. Em meio ao tumulto do que fora sua infância, Jim dependera do amor, firmeza e sabedoria do avô.

Mesmo depois de partir para a universidade e, posteriormente, para novas aventuras, mesmo amando e tendo sido amado por outras pessoas, o avô permanecera o seu ponto de apoio. Com o passar dos anos, a despeito do decréscimo de energia e do avanço da idade, o avô continuara desempenhando um papel vigoroso e vibrante na vida do neto.

Jim estava fora do país, a trabalho, quando o avô faleceu e, embora já esperasse a notícia, o choque o devastou porque sabia haver perdido a única base sólida do seu mundo. Ainda estava imerso na dor e no luto quando um membro da família entregou-lhe um anel, explicando: "Seu avô me disse, explicitamente, que queria que este anel fosse seu". Uma onda de amor e gratidão inexprimíveis envolveu Jim.

O velho anel de ouro, com uma pedra vermelho-escura, parecia fazer parte da mão do avô, pois este jamais deixara de usá-lo. Quando criança, Jim costumava brincar com o anel, girando-o no dedo do avô para esconder a pedra e, em seguida, anunciando o seu sumiço. O avô sempre entrara na brincadeira, fingindo-se preocupado e indagando: "Quem será que pegou aquela pedra?" Então mostrava-se surpreso e empolgado quando o neto a fazia "reaparecer".

Soluços altos irromperam do peito de Jim ao receber o anel. Durante alguns segundos, antes de colocá-lo no dedo, apenas o segurou com força. De repente, era como se o avô o estivesse abraçando apertado outra vez. Tempos depois, Jim confessou que, acima de tudo, o anel o ajudara a superar o luto doloroso.

Certo dia, uns dois anos após a morte do avô, Jim entrou em casa e deparou com os seus pertences revirados. Com o coração aos pulos, correu pelo apartamento, praticamente ignorando os espaços vazios antes ocupados pela TV e pelo aparelho de som, atrás de um único tesouro, o anel. Aflito, vasculhou as gavetas da cômoda, numa busca desesperada. Nada do anel. Rezando para que os ladrões houvessem ignorado um item tão pequenino, esquadrinhou o chão. Por fim, o peso da triste verdade o esmagou. O anel do avô fora roubado. Jim chorou como chorara no enterro do avô. E sempre que contava a história do roubo, balançava a cabeça e, esforçando-se para conter as lágrimas, murmurava: "Foi como se eu tivesse acabado de perder o vovô de novo".

Comentário

Nem tudo aquilo que possuímos é precioso para nós. Poderíamos abrir mão de alguns de nossos pertences num instante, sem o menor arrependimento ou sentimento de perda. Analisar nossas posses a fim de descobrir o que, de fato, consideramos importante costuma ser um exercício fascinante. É provável que venhamos a constatar que coisas aparentemente estranhas têm um enorme significado: o suéter tricotado por uma pessoa querida, a monografia merecedora da nota máxima dada por nosso professor favorito, a coleira mastigada, lembrança de um cachorro que se foi. Apegamo-nos a alguns itens para sempre porque estes se revelam inestimáveis.

Os objetos convertem-se em preciosidades quando os associamos a pessoas especiais ou a experiências-chave de nossa vida. Tornam-se, portanto, parte da nossa identidade. Na verdade, talvez alguns deles sejam baratos ou até cafonas, contudo, se os revestimos de significado, os guardamos no coração.

Bill, marido de Marjorie e jornalista de profissão, trabalhou anos a fio utilizando uma máquina de escrever manual. Obviamente, transformou-se em alvo de brincadeiras dos colegas, que o observavam deslizar os dedos pelas teclas gastas com espantosa rapidez. Ofertas para trocar a máquina *vintage* por um modelo elétrico ou mesmo por um processador de texto eram rejeitadas num piscar de olhos. Obstinado, Bill agarrava-se à sua velha máquina. "Temos enfrentado todas as batalhas juntos", gostava de declarar.

Depois da morte do marido, vítima de um infarto fulminante, Marjorie juntou todos os seus pertences – relacionados ao trabalho – e os distribuiu entre os amigos. Mas não pôde suportar a ideia de se separar da máquina de datilografar. Quando, enfim, resolveu doá-la, sentiu-se como se estivesse se desfazendo de Bill.

Às vezes tendemos a minimizar a perda de "coisas" e assim não somos capazes de compreender o porquê de tanta tristeza. Surpreendemo-nos dizendo: "Não sei o que há de errado comigo, não entendo por que estou tão chateado por ter perdido aquela caneta barata". Todavia, o valor monetário tem pouquíssimo a ver com os sentimentos relacionados ao item perdido, se o nosso coração havia-lhe atribuído importância. E quando o que perdemos está vinculado a uma conquista pessoal, é possível que nos sintamos diminuídos.

Ao se formar em arquitetura, Doug e os colegas de classe ganharam uma régua de cálculo do chefe do departamento. Desde o seu primeiro dia de trabalho, Doug valera-se daquela ferramenta para medir cada ângulo, espaço e dimensão. O objeto tornou-se uma extensão de sua mão. A despeito de já usar computadores na criação de projetos, quando sua régua de cálculo acabou indo acidentalmente para o lixo – no meio de uma pilha de papéis – Doug sentiu-se desamparado. Nada parecia funcionar bem. Inseguranças quanto à sua competência como arquiteto afloraram. Por fim, ele percebeu a necessidade de superar o pesar. Mas levou tempo até que recuperasse a autoconfiança.

Tal como a máquina datilográfica de Bill ou a régua de cálculo de Doug, alguns de nossos bens nos dão a sensação de saber de onde viemos, nos fundamentam na nossa própria história. Ao perdermos esses lembretes, é como se perdêssemos uma parte de nós mesmos. Sofremos a dor da perda e precisamos lamentá-la.

Quando o item perdido reabre a ferida causada pela morte ou perda de um ente querido, é natural nos concentrarmos na pessoa que o objeto simbolizava. Quando o item perdido está ligado a outras perdas, tomar consciência de quaisquer sentimentos que estejamos experimentando é uma forma de nos ajudarmos a nós mesmos. À proporção que reconhecemos nossos sentimentos, a realidade do que o objeto perdido representava para nós emerge. Assim, nossa dor passa a ser focada numa apreciação mais cristalina do significado que lhe atribuíamos. Essa perda também oferece uma oportunidade para que as feridas causadas por outras perdas – que porventura ainda estejam abertas – cicatrizem.

Dinâmicas de reflexão

♦ Acomode-se numa posição confortável, relaxe, respire profunda e lentamente para liberar quaisquer tensões. Continue respirando sem pressa. Pense em todos os bens que você considera importantes ou que lhe são especialmente caros. Liste-os em sua mente. Em seguida, procure lembrar-se das coisas que você julgou importantes no passado e que agora já não lhe pertencem. Identifique tudo aquilo de que não foi fácil abrir mão – talvez você continue carregando consigo a melancolia e a dor. Registre essas perdas em seu diário, ciente das emoções despertadas. Não as reprima. Deixe-as manifestarem-se.

♦ Se seus pensamentos acerca de um determinado objeto perdido lhe causam mais angústia do que quaisquer perdas similares, concentre-se nesse precioso item. Visualize-o tão nitidamente quanto possível. Reflita, então, sobre as seguintes perguntas:

• Que significado esse objeto realmente tinha para você? O que representava em sua vida?

• Além do próprio objeto, o que você sente que perdeu?

• O que essa perda ainda significa para você?

À medida que seus pensamentos vão se associando, peça ao Espírito Santo que aceite esse objeto precioso como um presente seu, junto com a tristeza e todos os sentimentos a ele vinculados. Caso um ritual possa ajudar você neste momento, faça algum gesto de desapego.

♦ Analise a lista das coisas importantes que você perdeu ou das quais se libertou. Pondere sobre como você conseguiu desapegar-se. Qual tem sido a sua maneira característica ou método para superar uma perda? Essa sua prática lhe tem sido útil e benéfica? Ou você tende a agir como se não desse a mínima importância e enterra a perda no fundo de si mesmo? O seu mecanismo de superação da perda tem sido eficaz?

♦ Se há um lugar especial em sua casa onde você costuma rezar, ou algum espaço ao ar livre que lhe pareça propício à oração, leve até lá a lista de todas as coisas preciosas que agora já não lhe pertencem. Coloque essa lista – uma representação da sua dor e tristeza pela perda daqueles itens significativos – no local sagrado e ore: "Deus, em sinal do meu desejo de me libertar da opressão que me bloqueia e me deprime, agradeço-lhe essas dádivas e, agora, as devolvo a você. Que as minhas lembranças daquilo que um dia possuí sejam impregnadas de gratidão e alegria".

♦ Pondere a Palavra de Deus e reflita sobre os bens aos quais você se acha preso. Fale com Deus a respeito deles.

A Palavra de Deus

> Assim pois, justificados pela fé, temos paz com Deus por meio de Nosso Senhor Jesus Cristo. Por Ele é que chegamos, em virtude da fé, à graça em que nos mantemos e nos orgulhamos na esperança da glória de Deus. E não só isso. Até nos sofrimentos nos orgulhamos, pois sabemos que o sofrimento produz perseverança, a perseverança prova a fidelidade e a fidelidade comprovada produz a esperança. E a esperança não engana, pois o amor de Deus se derramou em nossos corações pelo Espírito Santo, que nos foi dado.
>
> Rm 5,1-5

Oração final

Criador de todos os dons, venho a você cheio de gratidão pelas muitas dádivas derramadas em minha vida. Entrego em suas mãos as que já não estão mais sob meus cuidados; conceda-me a fortaleza de espírito para que eu não me agarre àquelas das quais ainda desfruto. Ajude-me a estar ciente de que nada está perdido, de que tudo o que existe subsiste em você. Que você reine em meu coração – esse é o tesouro que busco.

REFLEXÃO 6

Morte de um ente querido
"Não sei se consigo seguir em frente sem ele..."

.... *Oração inicial* ....

Deus vivo, você nos criou para nos amarmos uns aos outros. Quando um ente querido morre, a dor nos atordoa e testa a nossa fé. Ajude-me em meu luto – no derramamento da tristeza, raiva e sentimentos confusos. Ajude-me a seguir adiante. Lembre-me sempre de que o próprio Jesus chorou pela morte de um amigo e que a sua Ressurreição venceu a morte.

....

História

Em seu horário habitual, Tom despediu-se da esposa, Marilyn, e da filha, Julie, com um beijo e saiu para o trabalho. Marilyn terminou de se arrumar apressadamente para ir trabalhar também, enquanto aprontava Julie para a pré-escola. As duas saíram de casa pouco depois de Tom. O dia principiava.

Quando Marilyn chegou ao seu escritório, Tom já havia morrido. Parado ao pé de uma encosta, esperando o sinal abrir num cruzamento movimentado, ele tornara-se o alvo estático de um caminhão de 18 rodas, desgovernado e sem freios. Com o impacto, o carro de Tom explodira. Apagadas as chamas, seu corpo estava quase irreconhecível, dificultando a identificação. Assim, somente quando Marilyn deixava o trabalho para buscar a filha na escola, é que a polícia, enfim, alcançou-a com a terrível notícia.

Demorou muito para que Marilyn pudesse falar com objetividade sobre aquele dia. Em segundos, seu mundo tinha desabado. O choque a fez cair num torpor que se estendeu por semanas. As imagens do funeral de Tom se desenrolavam como um borrão, lágrimas e momentos de absoluta descrença alternando-se. Apenas Julie era capaz de transpassar a barreira letárgica da mãe, mas Marilyn limitava-se a abraçar a filha e soluçar.

Com o tempo, Marilyn superou o atordoamento, porém a dor emocional – e mesmo física – recrudesceram. A realidade da perda definitiva de Tom começou a penetrar sua consciência e ser assimilada. Todavia, não raro, surpreendia-se esperando um telefonema do marido, ou atenta ao ruído da chave na porta na hora que ele costumava chegar do trabalho. "Achei que não aguentaria", Marilyn me confidenciou. "Sempre que me dava conta de que Tom se fora, eu tinha a sensação de que tudo estava tornando a acontecer. Sentia-me esmagada por uma nova onda de sofrimento. Sentia-me morrendo. Pensei até em me matar porque já não podia suportar mais tanta dor. Não sei quantas vezes declarei a mim mesma, e à minha mãe, que não conseguiria seguir em frente sem ele."

Marilyn descreveu seus sentimentos naqueles meses como caóticos. A raiva fervilhava-lhe nas veias quando pensava no motorista do caminhão. "Às vezes eu o queria morto. Ou que recebesse uma punição, mesmo depois de saber que o acidente não fora realmente sua culpa." Em outras ocasiões, Marilyn quase não podia acreditar quão furiosa estava com o marido por tê-la deixado e à Julie. "Será que Tom não sabia o quanto precisávamos dele?" Então a raiva direcionada ao marido a enchia de culpa.

Marilyn angustiava-se por não haver tido chance de dizer o que desejava a Tom. A ideia de que talvez pudesse ter feito alguma coisa para impedir o acidente martelava sua cabeça. Aturdida, oscilava entre estar enraivecida com Deus, implorar sua ajuda e indagar-se por que Ele a estava castigando.

Somente depois de muitos meses chorando, conversando, rezando, correndo quilômetros e, por fim, participando de um grupo de apoio ao luto, é que Marilyn começou a voltar à vida. "Durante um longo tempo, eu não sabia mais quem eu era. Tom e eu éramos muito unidos – ele estava sempre ao meu lado, como se fosse uma parte de mim. Sem Tom, não me sentia eu mesma."

Comentário

Nada nos desequilibra mais do que a morte de alguém importante para nós. A partir do dia em que nascemos, subsistimos em relacionamentos interpessoais e é por meio deles que viemos a saber quem somos. Na verdade, muito cedo aprendemos que a nossa própria existência depende de nossas conexões com os outros. Nossos pais nos dão um nome, cuidam de nós e nos ensinam como devemos nos comportar. Irmãos e parentes nos contam histórias de quando éramos pequenos. Passamos a vida inteira criando vínculos e nos definindo por meio de nossas relações.

Os relacionamentos que mais prezamos são os que têm um impacto mais profundo sobre nós, sobretudo quando os perdemos. A morte de um ente querido abala todo o nosso senso de identidade. Dois meses depois da morte da esposa, o marido me disse: "Sinto-me como se todo o meu ser houvesse se desintegrado e flutuasse no ar. Ainda não sei como esses fragmentos de mim vão se juntar outra vez".

Podemos tentar evitar o luto porque não queremos nos converter num fardo, porque queremos seguir com a nossa vida. No entanto, quando tentamos reprimir o sofrimento e nos proteger de toda aquela agonia e tristeza, o luto se arraiga dentro de nós. A dor está constantemente à beira de se manifestar quando menos esperamos, sobretudo quando ocorrem outras perdas. Ao nos recusarmos a sofrer, não permitimos a nossa própria cura.

Compreender os sentimentos que nos assolam e o processo de superação da perda de um ente querido nos ajuda a viver o luto de uma forma salutar. Sabemos bem que tal perda afeta cada partícula do nosso ser. Muitos de meus pacientes se assustam com a intensidade de seu sofrimento. Após um período participando de um grupo de apoio, uma mulher comentou sobre sua recente viuvez: "Estou contente por entender melhor o que há comigo. Sentia-me péssima e não imaginava que outras pessoas se sentissem assim também. Achei que estava ficando louca".

Quando alguém especial morre, vivemos uma experiência comum a todos os seres humanos, mas de uma maneira singularmente individual. Além disso, o tipo de morte influencia a progressão do nosso luto. O sofrimento causado pela morte lenta e penosa de um ente querido tem algumas características diferentes daquele causado por uma morte repentina e inesperada. A dor sentida pela morte de uma criança pode ser bastante diferente da angústia diante da morte de um ancião.

É possível que os sentimentos de tristeza, raiva e culpa se tornem tão avassaladores que cheguemos a nos assustar. A observação de uma paciente exemplifica o que muitas pessoas enlutadas ruminam: "Tenho medo de que se eu começar a chorar, nunca mais conseguirei parar". Quando sacudidos por emoções fortes, tememos perder o controle e vemos as emoções como inimigas. Às vezes há quem nos diga: "Não chore" ou "Não fique aí parado, sentindo pena de si mesmo. Ocupe-se, porque esse é o jeito de manter sua mente longe dos seus problemas". Portanto, é natural que sejamos tentados a reprimir as manifestações da nossa angústia.

As emoções não são nossas inimigas. Pelo contrário, ajudam-nos a expressar a profundidade da nossa dor e pesar. Ajudam-nos a deixar que os outros percebam a nossa aflição e as nossas lutas. Assim como o choro de uma criança pequena comunica aos pais o seu desconsolo, as emoções adultas permitem-nos não apenas extravasar nossa agonia, mas também buscar apoio naqueles que nos cercam.

As lágrimas de Jesus pela morte do amigo Lázaro são um poderoso exemplo para nós quando estamos fechados em nosso luto. "Jesus se comoveu profundamente. E emocionado [...] começou a chorar" (Jo 11,33.35). Jesus chorou porque amava Lázaro. Mesmo sabendo que iria trazê-lo de volta à vida, Jesus honrou o amigo com sua tristeza e lágrimas. Honramos os entes queridos perdidos quando os pranteamos.

A imersão na realidade da perda suscita em nós sentimentos fortes que nos incitam a enfrentar questionamentos e seguir em frente para uma nova vida. Não obstante, podemos nos negar a esgotar o sofrimento pela morte de alguém a quem amamos. Podemos nos agarrar à desolação e à raiva, ou nos convencer a abandonar os sentimentos dolorosos. Podemos decidir nos mantermos ocupados a ponto de nossas emoções não terem chance de emergirem. Quando nos negamos a nos desapegarmos da perda, transformamos o sofrimento num estilo de vida. Na verdade, escolhemos deixar a perda nos subjugar. Escolhemos um tipo de morte em vida.

Embora a intensidade de nossas emoções tenda a decrescer com o tempo, a dor pela perda de uma pessoa importante às vezes perdura por muitos anos. Aniversários e datas festivas costumam ser ocasiões particularmente pungentes; pequenas coisas são capazes de fomentar nosso tormento. Tal como acontece com todos os tipos de luto, podemos optar por sofrer de uma forma edificante, reconhecendo a perda daquele alguém especial, liberando nossas emoções e então, consciente e gradualmente, nos desapegando da dor.

Dinâmicas de reflexão

♦ Relaxe e respire fundo. Peça ao Espírito Santo para estar com você em sua reflexão. Permita que o seu sofrimento pela morte de um ente querido venha à tona. Não afaste a dor. Diga o nome da pessoa cuja morte desperta a sua angústia. Abra-se às recordações da vida dessa pessoa. Relembre os bons e os maus momentos. Preste atenção a quaisquer emoções que tais lembranças acarretem. Honre o ente querido liberando os seus sentimentos. Então peça ao Espírito Santo para soprar o conforto no seu coração.

♦ Quando lhe vierem à mente questões inacabadas – palavras que não foram ditas; mágoa pelo sofrimento ou por problemas existentes no relacionamento; qualquer coisa que você gostaria de ter feito ou deixado de fazer –, escolha uma maneira de expressá-las. Visualize-se conversando com quem se foi. Fale sobre aquilo que lhe causa arrependimentos. Em sua imaginação, ouça o que seu ente querido diria em resposta às suas revelações. Anotar o diálogo imaginário é um recurso que talvez ajude você. Outra sugestão é deixar que ideias e emoções venham à tona e então escrever uma carta para a pessoa, dizendo tudo o que você ainda gostaria de dizer.

♦ Se você sentir raiva de Deus por não ter salvado seu ente querido da morte, por não haver impedido um sofrimento devastador, ou porque Ele parece indiferente à sua tristeza, solidão e dor, não rechace essas emoções. Se sentir-se incapaz de rezar, apenas fale com Deus sobre seus pensamentos e sentimentos. Permita-os fluir livremente. Chore, grite. Depois de expressar tudo o que está em seu íntimo, respire fundo e aquiete-se. Escute o que o seu coração lhe diz.

♦ Pense em todas as maneiras que a ausência do seu ente querido faz você sentir-se sozinho. Num gesto consciente, ofereça-as a Deus, acompanhadas de uma prece: "Ó Deus, _____ foi uma verdadeira dádiva em minha vida. Aceite o meu vazio e preencha-o com a sua presença, Senhor. E, na sua presença, ajude-me a sentir o amor e a presença de _____. Ajude-me a reconhecer e perceber que nunca estou realmente só.

♦ Um pequeno ritual contribui para que você consiga desapegar-se da dor. Por exemplo, coloque alguma coisa que você conservava como recordação da pessoa querida sobre o seu túmulo. Ou, caso você ainda guarde muitos pertences daquele que se foi, escolha os que gostaria de preservar como lembrança e distribua o restante entre amigos próximos, membros da família, ou a quem possa deles fazer uso. Não se apresse nesse processo de seleção. Ao dispor de cada objeto, ofereça uma prece de agradecimento pelo ente amado.

♦ Caso esteja sendo particularmente difícil desapegar-se do seu sofrimento, reflita sobre as seguintes perguntas:

• Se o meu ente querido estivesse aqui, no meu lugar, que conselho me daria? O que iria desejar a mim neste exato momento?

• Será que transformei o luto num estilo de vida? Se for assim, o que me estagna?

• Que questões práticas passaram a ser minha responsabilidade desde que _____ partiu? Será que tamanha responsabilidade me causa aversão? Como posso assumir o encargo de _____ ou abrir mão de _____ agora?

Então, em nome de Jesus, peça a Deus a graça de se desapegar de quem se foi. Ofereça a pessoa amada a Deus, confiando-a aos seus cuidados e à comunhão dos Santos – a Grande Nuvem de Testemunhas.

♦ Ore com a Palavra de Deus. Deixe que o significado das passagens abaixo ampare você em seu luto.

A Palavra de Deus

Ouvi uma voz forte que saía do trono e dizia: "Esta é a tenda de Deus entre os homens. Ele vai morar com eles. Eles serão o seu povo, e o próprio Deus-com-eles será o seu Deus. Enxugará as lágrimas de seus olhos e a morte já não existirá. Não haverá mais luto, nem pranto, nem dor, porque tudo isso já passou".
Ap 21,3-4

Felizes os que choram, porque serão consolados.
Mt 5,4

Felizes os tristes de agora, porque haveis de rir.
Lc 6,21

Oração final

Ó Deus, você conhece minha tristeza e minha perda e sabe quão difícil é o desapego. Coloco meu sofrimento em suas mãos. Tome todas as minhas emoções, toda a minha solidão e dor, toda a minha falta de entendimento, todos os meus anseios e transforme esses sentimentos através do seu amor por mim. Conduza-me a um lugar de consolo, onde já não haverá mais lágrimas.

REFLEXÃO 7

Habilidades e aptidões
"Sinto-me uma verdadeira toupeira..."

·········· *Oração inicial* ··········

Deus santo, obrigado por todas as maneiras a mim permitidas de ser uma manifestação singular da sua presença no mundo. Ajude-me a aprender e desenvolver muitas aptidões e habilidades e então ser capaz de delas abrir mão quando se esgotarem e não tiverem mais utilidade. Ajude-me a lamentar a perda de habilidades e aptidões que já não são necessárias, mas que imploram para serem mantidas.

·················

História

Dr. Wallace sempre se orgulhara de suas habilidades e conhecimentos médicos. Apesar do seu jeitão um tanto brusco, os pacientes sabiam estar nas mãos de um dos melhores clínicos. Colegas recorriam ao seu auxílio constantemente quando incertos sobre as condições de algum doente. E essa confiança depositada nele o deleitava.

Porém novas tecnologias e formas de tratamentos haviam mudado a medicina, elevando-a a um patamar acima daquele que o Dr. Wallace conhecia bem. Sem dúvida sua perícia permanecia relevante, contudo via-se preterido nos casos críticos. Médicos mais jovens e atualizados, além de um número maior de especialistas em diversas áreas, não cessavam de integrar a equipe.

A despeito de procurar dedicar-se à leitura médica tanto quanto possível, faltava-lhe tempo para um estudo mais detalhado, pois, todos os dias, Dr. Wallace atendia pacientes no consultório, e em vários hospitais, fazendo questão de continuar acompanhando-os mesmo quando encaminhados para especialistas.

A tecnologia em constante transformação pôs Dr. Wallace à prova. Sua brusquidão acentuou-se à medida que lutava para conservar a autoestima. Apesar de nunca confidenciar nada a ninguém, começava a se sentir inadequado. As pressões normais do exercício da medicina eram um fardo e agora via-se também pelejando com o estresse provocado por suas dúvidas e frustrações.

Por fim, o comentário de uma enfermeira, destituído de tato, levou a crise ao clímax. Um de seus pacientes de longa data foi transferido do pronto-socorro para a UTI com insuficiência respiratória grave. Ao ser informado, Dr. Wallace correu ao hospital. Depois de examinar o paciente, enquanto revisava as prescrições do médico do pronto-socorro, uma pergunta da enfermeira o aturdiu: "Dr. Wallace, o senhor vai chamar um médico para ver seu paciente?"

"É óbvio que entendi a natureza da pergunta", contou-me Dr. Wallace depois. "Estão todos tão acostumados a lidar com especialistas atendendo a todos os pacientes, que ela queria saber com quem eu pretendia me aconselhar. Todavia, o modo como a indagação foi feita – e a jovem, que não tem nem a metade da minha idade, é apenas uma enfermeira inteligente – me fez sentir um inepto. *Eu sou* médico. Naquela sua única pergunta, ela esfregou sal numa ferida há muito aberta. Na verdade, essa ferida só se aprofunda. Por mais que me esforce para me manter atualizado e bem informado, sinto-me uma verdadeira toupeira. Já não tenho certeza se devo continuar trabalhando. Talvez meu tempo tenha passado."

Comentário

Ser competente significa ter as habilidades indispensáveis, adequadas ou apropriadas para desempenhar uma função. Ganhar nosso sustento requer aptidões, porém precisamos de habilidades em outras esferas da vida também.

Alguns homens são grandes pais porque têm uma capacidade natural para educar e relacionar-se com os filhos. Donas de casa competentes aprimoram um vasto leque de habilidades: planejar festas, costurar, decorar, consertar, cozinhar, receber convidados. Atletas precisam desenvolver os talentos exigidos para a prática de um esporte em particular. Outras capacidades e habilidades em geral se encaixam no âmbito de "Ele é capaz de consertar qualquer tipo de equipamento" ou "Ela realmente é ótima no treinamento de animais".

Via de regra, descobrimos uma área em que nossas habilidades são aceitas e valorizadas. Ao encontrarmos pessoas com habilidades semelhantes, a camaradagem é praticamente automática. Nossas habilidades nos conferem um senso de identidade comum. Também associamos nossas aptidões a quem somos e à nossa percepção de valor.

Quando adquirimos competência numa determinada área – e o senso de pertencimento –, somos inclinados a pensar que o nosso lugar está assegurado. Mas uma enxurrada de novas informações e maneiras de fazer as coisas confrontam e desafiam cada um de nós. Conforme constatou Dr. Wallace, o campo de atuação da medicina cresceu a tal ponto que as áreas de especialidades estão sendo divididas em subespecialidades. Passamos por revoluções agrícolas e industriais. Alguns analistas descrevem o momento em que nossa civilização se acha como uma "terceira onda": a revolução da informação. Com torrentes de novos dados e tecnologias alastrando-se entre nós, é fácil nos descobrirmos angustiados e desorientados.

A sensação de que nossas habilidades estão decrescendo nos adentra sorrateira e gradualmente. À proporção que os avanços em nossa área de especialização acontecem, sentimo-nos como se estivéssemos escorregando ladeira abaixo. Parece ironia, mas a nossa própria competência costuma ser a razão pela qual ficamos para trás. Pessoas competentes são recompensadas por reiterar atos de competência. Com demasiada frequência, isto implica não termos incentivo, ou tempo, para renovar conhecimentos e aperfeiçoar habilidades. Então, aos poucos, vamos nos dando conta de que muitos de nossos conhecimentos e habilidades, tão duramente conquistados e úteis, estão se tornando obsoletos.

Nada permanece o mesmo. O conhecimento, por sua própria natureza, é dinâmico. Ter competências interpessoais, ser adaptável, bom planejador, mediador e organizador são características que jamais perdem o valor. Entretanto, mesmo tais habilidades acabam sendo desafiadas pela mudança. Por exemplo, um pai pode revelar-se um talento natural para lidar com crianças pequenas. Todavia, quando os filhos chegam à adolescência, talvez ele sinta haver perdido a capacidade de ser um bom pai. Os adolescentes, ao vivenciarem essa fase transicional, não só passam a ter necessidades relativas ao desenvolvimento diferentes, como também enfrentam as pressões de seus pares. O resultado é que começam a desafiar os pais de maneiras inéditas. A despeito de confrontar-se com o inesperado, sua experiência e habilidades básicas ainda são de grande serventia àquele pai – com algumas pequeninas adaptações.

Em aspectos diversos, aptidões e habilidades estão sujeitas ao padrão que rege o universo – nascimento, desenvolvimento e morte. Como em todo luto, o processo de cura inicia-se quando, em primeiro lugar, reconhecemos ou identificamos as habilidades perdidas. Se a competência é a chave para a nossa identidade – como a perícia do Dr. Wallace na prática da medicina –, o desapego desencadeia emoções intensas. Abrir mão de uma habilidade desencadeia a mesma dor e necessidade de enlutar-se provocadas por quaisquer outras perdas. A menos que especifiquemos o que se foi e o lamentemos, as habilidades, anteriormente fonte de vida para nós, convertem-se em símbolos de morte.

O fim do luto por uma habilidade perdida abrange uma reavaliação minuciosa do amplo escopo de nossas competências e as formas como as usamos, o que nos permite discernir as habilidades técnicas e as relacionais. Habilidades relacionais[3] jamais deixam de ser úteis e podem ser sempre aperfeiçoadas. Habilidades técnicas são transferíveis sem embargo. Sarah, por exemplo, já não conseguia acompanhar os avanços tecnológicos ocorridos no seu campo de atuação, porém o fato de

---
3. Também conhecidas como *soft skills*.

estar desatualizada não significava que houvesse sido destituída de suas valiosas habilidades gerenciais. Depois de, enfim, superar a tristeza e a sensação de inadequação, ela foi capaz de destilar o que aprendera sobre resolução de problemas durante os seus anos de gestão e transformá-los em conhecimentos aplicados na área de consultoria.

Aptidões que não mais necessárias num contexto podem se encaixar perfeitamente noutro. Dr. Wallace levou a experiência amealhada em seus muitos anos de prática para o cargo de diretor médico-hospitalar num hospital geriátrico e de convalescentes. Tecnologia de ponta não era o foco central dos cuidados daqueles pacientes. Dr. Wallace concentrou sua perícia no tratamento de idosos e continuou colocando suas maravilhosas habilidades a serviço de muitos por anos a fio.

Ninguém tem, exatamente, os mesmos conhecimentos, aptidões e métodos de fazer as coisas. Portanto, devemos nos sentir alegres e gratos pelos nossos dons. E tal como é verdade no arquétipo do universo, por meio da perda de um bem – um conjunto de competências – podemos nos abrir para o desdobramento de outras oportunidades. Todavia, quando nos sentimos confortáveis com o que sabemos, corremos o risco de cair na mais comum das armadilhas – a rigidez. Comportamentos inflexíveis raramente permitem o crescimento. Estar vivo, inserido no curso no universo, significa estar sempre aberto à mudança.

Dinâmicas de reflexão

♦ Acomode-se, respire lenta e profundamente. Quando se sentir mais relaxado, pense nas aptidões e habilidades específicas que você tem utilizado ao longo da vida. De que maneiras você julga haver demonstrado competência? Reflita a respeito de suas habilidades técnicas e relacionais. Escrever uma lista de suas aptidões é uma ferramenta útil neste processo de avaliação. Que *feedback* você costuma receber acerca de suas habilidades? Ordene suas competências de acordo com a importância de cada uma delas para a percepção de sua própria identidade e autoestima. Então pergunte-se: o que este *ranking* revela a respeito de mim mesmo? Ao ponderar minhas aptidões, que sentimentos emergem?

♦ Analise sua lista de competências e habilidades e anote as que você já não põe mais em prática, especificando as que se acham desatualizadas. De quais tem sido mais difícil desapegar-se? Que emoções e sentimentos afloram quando você pensa nas suas habilidades agora sem uso? Por quais delas você ainda sofre ou se enche de raiva? O que impede você de desapegar-se?

♦ Concentre-se numa aptidão ou habilidade diminuída, perdida, descartada ou ultrapassada, que continua a suscitar em você mágoa, tristeza ou arrependimento. Reflita e reconheça as formas como essa sua competência enriqueceu e contribuiu para tornar melhor sua vida e a vida de terceiros. Pense no prestígio, prazer e recompensas provenientes dessa sua habilidade. Esteja atento às emoções despertadas. Converse com Jesus sobre sua gratidão pelo dom recebido, por meio do qual sua vida e a vida de outras pessoas foram beneficiadas. Fale também sobre seus sentimentos quando tal habilidade deixou de ser necessária.

♦ Ao ponderar a área que levou você a experimentar a mais intensa sensação de incompetência e perda, reflita sobre quaisquer dimensões daquelas habilidades que ainda estejam sendo exercidas. Que contribuição essa competência oferece aos outros aspectos da sua vida? Você continua agarrado a alguma coisa da qual precisa se libertar? Raiva? Tristeza? Baixa autoestima? Culpa?

♦ Algumas de suas habilidades perdidas poderiam ser aplicadas em outras configurações ou de novas maneiras? Permita a sua imaginação se debruçar sobre um leque amplo de possibilidades. Peça inspiração ao Espírito Santo. Se acaso houver alguém compreensivo, capaz de lhe dar algumas ideias e ouvir suas confidências, não hesite em recorrer ao seu auxílio.

♦ Talvez seja valioso conceber um ritual de desapego da competência perdida. Se você era carteiro e teve que se aposentar, desfaça-se do uniforme que só serve para acumular pó no armário. Se você não pode mais jogar tênis e suas raquetes continuam entulhando a casa, por que não presentear alguém que esteja começando a praticar o esporte? Qualquer que seja o ritual elaborado, inclua uma prece de gratidão e liberação. Complete as frases abaixo, convertendo-as numa pequena oração:

Deus bondoso, agradeço a você a minha aptidão para _____.

Ter essa habilidade foi uma imensa dádiva porque _____.

Desapegar-me dessa habilidade tem me feito sentir _____.

Para que eu possa seguir em frente com minha vida, conceda-me, Deus, por favor, a graça de _____.

♦ Ore com a Palavra de Deus. Permita que a mensagem destas passagens ajude você em seu luto.

A Palavra de Deus

Revela-me, Senhor, teus caminhos,
ensina-me tuas veredas!
Dirige-me no caminho por tua verdade e me ensina,
porque tu és o Deus de minha salvação,
e em ti espero todo o dia.
Lembra-te, Senhor, de tua ternura
e dos dons do teu amor, porque são desde sempre!
Sl 25(24),4-6

Responde-me quando chamo, ó Deus,
minha justiça!
Tu, que no aperto me alargaste o espaço,
tem piedade de mim e escuta minha oração!

Sl 4,2

·········· *Oração final* ··········

Criador santo, que o meu caminho e o seu sejam o mesmo. Quando algum dos meus talentos ou habilidades me desertarem ou caírem em desuso, ajude-me a lembrar que a competência mais importante é o amor. Que eu cresça continuamente no amor. Conceda-me a graça de apreciar minhas habilidades e também a capacidade de usá-las criativamente para o bem de meus irmãos e irmãs. Que eu seja sempre fonte de esperança para aqueles ao meu redor.

·····················

REFLEXÃO 8

Sonhos, esperanças e expectativas
"Parece que o 'algum dia' nunca chega..."

.... *Oração inicial* ....

Deus da esperança, muitos dos meus sonhos e expectativas foram destruídos ou, pelo menos, golpeados. Que minha esperança seja renovada pela sua graça e que eu possa superar a dor pelos sonhos perdidos e expectativas frustradas.

....

História

Desde a infância, Sally sonhava em ter um marido amoroso e uma casa cheia de filhos. Povoavam-lhe a mente ideias de reuniões de pais e mestres, jogos de futebol e *softbol*, festinhas de aniversário, o aroma de bolos e biscoitos espalhando-se pela cozinha. Assim, enxergava a maternidade através de lentes cor-de-rosa. Fora esse sonho que a sustentara nos tempos difíceis e nos inúmeros empregos insatisfatórios.

Aos 30 e poucos anos, sua esperança ainda continuava viva. Sally consolava-se pensando que seria uma mãe até melhor com toda a sua experiência acumulada no campo profissional e que o companheiro ideal, o homem de seus sonhos, estava logo ali, à sua espera.

Sabendo não ser a vida exatamente um conto de fadas, Sally procurava fundamentar seus sonhos na realidade. Era uma mulher solteira, gostava de sair com amigos, namorava, e rezava para encontrar um homem bom e atencioso.

Porém, à medida que se aproximava dos 40 anos, uma tristeza profunda e uma raiva surda e abrasadora passaram a consumi-la. Seu sonho mais acalentado parecia destinado a desmoronar. Fizera tudo ao seu alcance para que suas esperanças se materializassem. Será que estava pedindo demais? Outras mulheres conquistavam o que ela tanto desejava. Será que estava sendo punida por alguma coisa? Como é que iria seguir adiante agora, quando seu futuro carecia de tudo aquilo por que mais ansiava?

Comentário

Nós florescemos em nossos sonhos. Quando crianças, ao falarmos do amanhã, costumamos iniciar a frase dizendo: "Quando eu crescer..."

Jamais deixamos de alimentar esperanças, planejar e sonhar, mesmo já *crescidos*. Nossas expectativas nos direcionam, dão cor aos nossos dias e nos impelem para a realização dos sonhos cultivados. Às vezes construímos toda a nossa vida ao redor desses sonhos e planos.

Muitos de nossos sonhos, em especial mediante empenho e trabalho duro, de fato se tornam realidade. Outros se concretizam parcialmente. Há planos que começam com grande alarde apenas para ruírem mais tarde. Todavia, algumas aspirações estão destinadas a permanecerem malogradas, a despeito do quanto nos esforcemos para que não sucumbam. Empregos para os quais nos preparamos talvez não se efetivem. O estilo de vida que ambicionávamos revela-se inacessível. Amigos antes íntimos aos poucos se distanciam.

Não precisamos esperar até a meia-idade para sentir o peso dos sonhos desfeitos e expectativas fracassadas que carregamos conosco. Quanto mais vivemos, mais aumentamos essa coleção de decepções. Alguns sonhos poderiam ter se realizado se houvéssemos lutado mais; outros, provaram-se irrealistas desde o princípio.

A perda de sonhos implica a perda das delícias que os acompanhavam – alegria, prestígio, amor, entusiasmo, contentamento. Cada sonho traz embutido todo um conjunto de prazeres interconectados.

A menos que paremos e ponderemos a vida e a morte de nossos sonhos, corremos o risco de resvalar para a desilusão e a infelicidade – insidiosas e inconscientes – que nos impedem de renovar esperanças e traçar planos realistas. Na verdade, quase nunca refletimos sobre nossos sonhos e dificilmente percebemos a carga de emoções a eles vinculados. Se não tomamos consciência de nossos sonhos, não somos capazes de perceber o poder que lhes concedemos, um poder que afeta toda a nossa existência.

Desejos e expectativas fracassadas parecem nos dar permissão para considerar a vida um eterno desencanto, para assumir o papel de vítima e viver aquém do que tínhamos idealizado. Sonhos desfeitos nos fornecem álibis para não sermos tão plenos e realizados quanto poderíamos. Atracamo-nos, então, às nossas decepções como razões pré-fabricadas para evitar até mesmo as metas atingíveis.

Chorar pelos sonhos esfacelados nos possibilita seguir adiante, concebendo algo mais acessível e traçando um plano mais realista para alcançar o que almejamos.

Na altura de seus 81 anos, uma bisavó obteve o diploma universitário que a falta de dinheiro e os deveres implícitos na criação e sustento de uma família antes inviabilizaram. Em vez de transformar sua frustração numa desculpa, ela abraçara o seu ideal e canalizara suas energias para concretizá-lo.

Insistir em ignorar nossos sonhos confere-lhes um poder muito maior sobre nós do que quando deles estamos conscientes. Se aquela bisavó houvesse enterrado sua aspiração malograda no recôndito da inconsciência, o que fora desejo se converteria em amargor e talvez ela não realizaria o que tanto ambicionara. Reconhecer sonhos longevos nos ajuda a descobrir maneiras de conservar a esperança acesa. Na juventude, uma mulher a quem prestei aconselhamento quisera cursar enfermagem, porém faltara-lhe meios para pagar a faculdade. Na maturidade, oferecera-se como voluntária numa clínica de cuidados paliativos, onde passara a trabalhar semanalmente. Embora nunca viesse a ser enfermeira diplomada, ela, enfim, atingiu seu objetivo de cuidar de pessoas necessitadas.

Identificar e listar tudo o que não conseguimos realizar nos permite algumas escolhas. Nessa lista devem figurar esperanças que ainda podemos nutrir, caso o queiramos. Todavia, alimentá-las significa não mais nos lamuriarmos pelo que a vida nos recusou.

Discernir expectativas frustradas também nos põe cara a cara com aquelas que jamais serão, completa ou parcialmente, cumpridas. Podemos sofrer pelo que não levamos a cabo e, com a graça de Deus, nos desapegar. O desapego não só elimina o poder negativo que os sonhos às vezes têm sobre nossa vida, como nos ajuda a ampliar nossa perspectiva em relação aos sonhos factíveis.

A intensidade das emoções desencadeadas por esperanças vãs em geral é proporcional ao ardor com que as acalentávamos. De fato, é justamente a profundidade de nossos sentimentos que nos faculta perceber quão importantes tais expectativas eram para nós. A tristeza é natural diante de um sonho arruinado. A raiva costuma se mesclar à tristeza porque nos consideramos enganados por algo que pensávamos ser nosso por direito. É comum nos enfurecermos com alguém que nos impediu de alcançar o que ambicionávamos – o chefe, que nos rejeitou para uma promoção; nossos pais, que menosprezaram nossos sonhos e aspirações. Também sentimos culpa e raiva de nós mesmos.

Não nos beneficia em nada nos repreendermos e censurarmos ao experimentarmos emoções que manifestem, espontaneamente, a dor da perda. Nossas emoções exigem ser identificadas, aceitas e liberadas. Só então honramos os sonhos perdidos, só então somos capazes de renovar nossas esperanças para o futuro.

Dinâmicas de reflexão

♦ Acomode-se, relaxe, respire profunda e lentamente. Clame pela graça divina nesta sua jornada através das desilusões e sonhos perdidos. Pense nos aspectos da sua vida que lhe parecem inconclusos. Talvez você queira focar uma determinada área, ou trazer à mente uma série de desejos, sonhos ou preces que ficaram sem resposta. Escreva em seu diário o que lhe ocorrer, atento a quaisquer emoções suscitadas, seja raiva, medo, tristeza ou culpa. Anote-as também. Se necessário, pare e permita que esses sentimentos venham à tona. O propósito deste momento de reflexão é identificar os sonhos adiados, os planos que deram errado e as esperanças frustradas. Como é natural, é provável que você dê vazão a uma torrente de emoções.

♦ Após identificar os sonhos desfeitos, revise a lista e, em seguida, escreva ao lado de cada um deles qualquer perda associada àquele sonho em particular. Sally, cuja história ilustra este capítulo, talvez vinculasse outros desejos ao seu sonho de ser mãe: convivência com outros pais, um papel relevante na sua comunidade. A despeito de intensos, nem todos os sonhos são assim tão difusos, mas todos trazem na sua esteira benefícios correlacionados e que também são perdidos. Procure discerni-los.

♦ Escolha um item da sua lista de esperanças frustradas que ainda desperta em você uma profunda tristeza e um agudo sentimento de perda. Faça um desenho ou procure uma figura que represente essa expectativa ou esperança. Ao desenhar ou refletir sobre a figura, conscientize-se das emoções despertadas. Acolha-as, mesmo que lhe causem desconforto. Reconheça-as como formas de

113

expressar o que o seu sonho significava para você. Se sentir vontade de chorar, chore. Se dos seus sentimentos brotar uma canção, cante. Se a raiva irromper, enraiveça-se. Então rasgue o desenho ou a figura, ou queime-os no ardor do seu ressentimento. Entenda que a libertação da dor leva tempo – peça a Deus a graça de se desapegar por completo.

É possível que você precise repetir esta dinâmica para esse ou quaisquer outros sonhos não realizados.

♦ Quando sentir-se livre das emoções mais abrasadoras, ore: "Deus, coloco este sonho e esperança de _____ em suas mãos. Sou grato pelo prazer que isto me trouxe, pelo desapego de que agora sou capaz e por toda a dor causada por sua perda. Considero-me uma pessoa esperançosa, cheia de expectativas de que coisas boas acontecerão em minha vida".

♦ Reflita sobre as perguntas abaixo e anote suas considerações em seu diário:

• O que desejo mudar em minha vida ao me desapegar de sonhos desmoronados? (Talvez você precise parar de reclamar das injustiças da vida. Ou então ponderar meios alternativos de realizar seu sonho.)

• Quais graças devo pedir a Deus para conseguir mudar minha vida?

♦ Finalmente, liste algumas esperanças e sonhos ainda atraentes e possíveis de realizar. Identifique novos sonhos e expectativas capazes de imbuir você da energia necessária para seguir em frente neste ponto da sua trajetória, quando os velhos sonhos estão sendo deixados de lado. Invoque a orientação e a força do Espírito Santo.

♦ Ore com a Palavra de Deus. Permita à mensagem desta passagem ajudar você em seu luto.

A Palavra de Deus

> Pela esperança é que estamos salvos. Mas a esperança que se vê já não é esperança. Como pode alguém esperar o que já vê? Se esperamos o que não vemos, é com perseverança que esperamos. [...] Nós sabemos que todas as coisas concorrem para o bem daqueles que amam a Deus.
> Rm 8,24-25.28

Oração final

Deus dos sonhos, esperanças e expectativas, você prepara coisas maravilhosas para nós. Aceite todos os meus sonhos não realizados, uma pálida sombra do meu anseio por você. Eu os entrego em suas mãos. Deixo-os ir sem amarras, junto com toda a dor e tristeza causada por esta perda. Receba-os e transforme-os em minha realização e crescimento em você.

REFLEXÃO 9

Status ou "máscara"
"Sinto-me tão embaraçado..."

·········· *Oração inicial* ··········

Deus, são tantas as coisas que me constrangem, tantas as maneiras de vir a perder o meu prestígio. Você conhece e ama a minha face real. Ajude-me a abandonar todas as máscaras e falsas aparências atrás das quais gosto de me esconder e a compreender que, para você, cada pessoa está em "primeiro lugar" – assim como eu. Ensine-me a verdadeira humildade, que é viver autenticamente na certeza de que sem você eu nada sou.

··················

História

Desde os dez anos, Brian sabia que seria advogado. Seus amiguinhos viviam participando de tribunais imaginários, desempenhando papéis de juízes, testemunhas, requerentes e réus, pois ele raramente se engajava em qualquer outra brincadeira. Quando o tema era livre, todas as suas composições escolares giravam em torno de algum aspecto da tão sonhada profissão. Na sua perspectiva, ninguém poderia, jamais, exercer ofício melhor.

No Ensino Médio, nada desviou Brian de seu objetivo. Visando preparar-se para o futuro, entrou para a equipe de debate do colégio e teve aulas de redação e oratória. Terminado o Ensino Médio, e após criteriosa escolha, matriculou-se num seleto curso preparatório para a faculdade de direito.

Brian devotou-se aos estudos com afinco, embora um rendimento acadêmico superior ao mediano sempre lhe escapasse. Participante ativo do grêmio estudantil, dedicou-se a diversas causas. Planejava deixar sua marca no campo da mudança social. A esta altura, família, amigos, professores, colegas, parentes, e até meros conhecidos, sabiam de seus planos e esperanças. Ao se imaginar advogado, ele enchia-se de orgulho.

A todas as pessoas influentes que conhecia, Brian pediu que escrevessem cartas de recomendação para as três faculdades de direito que o interessavam. Estava convencido de que seria aceito por todas e poderia escolher a de sua preferência. Já se via pondo em uso os presentes que ganhara ao concluir o curso preparatório, presentes valiosos e necessários para qualquer estudante de direito ávido.

Quando a primeira carta de rejeição de uma das faculdades chegou, Brian não conseguiu acreditar. Porém depressa contemporizou, convencendo-se de que com tantos candidatos disputando poucas vagas, era natural que uma das escolas o recusasse. Respirando um pouco mais aliviado, presumiu que não demoraria a saber qual faculdade logo o receberia de braços abertos.

Ao ler a primeira linha da segunda carta, "Lamentamos informá-lo que...", ficou aturdido. Como aquilo era possível? Restava-lhe uma última chance. E se não desse certo? O que faria? O que diria para todo mundo? Como explicar que duas faculdades o tinham preterido? Seria constrangedor demais!

A terceira rejeição o devastou. Convicto de que houvera um engano, Brian ligou para a faculdade a fim de confirmar o teor da carta. A voz seca do outro lado da linha soou taxativa: "Não, não tem erro nenhum. Você não foi aceito".

Suas esperanças desabaram. O que os outros iriam pensar? Durante anos falara como se já fosse advogado. "Estou tão embaraçado", confidenciou à mãe.

Sentindo-se humilhado, ele passou a se esquivar das pessoas e, como se não bastasse, para aumentar ainda mais sua vergonha, surpreendia-se chorando incontrolavelmente sem mais nem menos. Onde teria errado para ser punido assim? Deus o abandonara. Cursar a faculdade de direito fora seu único plano. Não podia nem sequer cogitar seguir outra carreira.

Brian começou a achar que o mundo inteiro o via como um fracasso. Amigos, família, todos que conhecia – colegas de classe, amigos de amigos, e até os colegas de trabalho de seu pai – agora sabiam que não fora capaz de entrar na faculdade, que não era bom o suficiente, que fora reprovado. Já não estava seguro de que, um dia, teria coragem de tornar a encarar alguém.

Comentário

Reagindo ao que achamos ser esperado de nós, criamos uma imagem de nós mesmos para apresentar ao mundo. Essa imagem, ou máscara, corresponde ao que queremos que os outros pensem que somos, possibilitando-nos, assim, angariar certas recompensas, como respeito e aprovação. Por conseguinte, essa imagem acaba convertendo-se numa máscara e encobre o nosso verdadeiro eu. Brian agia conforme supunha ser o comportamento de advogados. Executivos costumam adotar a imagem que a sociedade faz de gestores.

A sociedade confere um determinado *status* às diferentes profissões. Para o bem ou para o mal, professores universitários têm mais *status* do que aqueles do Ensino Fundamental, o mesmo acontecendo com médicos em relação a enfermeiros. A maior parte dos empregos tem um *status* específico, com a consequente adulação e expectativas. É fácil nos apegarmos ao nosso *status*, pois este nos concede um senso de autoestima.

Quase todos nós nos empenhamos ao máximo para preservar a própria imagem, fechando os olhos para o fato de tratar-se apenas de uma máscara, ou de um papel. Não raro nos convencemos de que a imagem é quem somos, porque é desta forma em particular que *desejamos* ser percebidos e avaliados pelo mundo – é como queremos que os outros nos vejam e acreditem que somos.

As culturas asiáticas deram origem à expressão em inglês *lose face*[4], significando a destruição da imagem que projetávamos, por conta de nossos próprios erros, fracasso ou humilhação. O cair da máscara tem a conotação de perda da dignidade, do autorrespeito e do prestígio – perdas enormes deveras. Procuramos soluções para os dilemas surgidos numa tentativa de salvar as aparências a fim de que todos os envolvidos não se sintam embaraçados ou expostos.

Poucos de nós escapam, por longos períodos, de viver experiências em que a máscara cai. Algumas dessas experiências são quase imperceptíveis; outras, demolidoras. Cada constrangimento sofrido arranha nossa autoimagem e, paulatinamente, deixamos de nos perceber como alguém relevante, digno ou bem-conceituado. Quanto mais apegados somos à imagem abalada por nossos *faux pas*, maior é a nossa perda.

---

4. Para os chineses, um antigo sinal de desonra e vergonha era cobrir o rosto com um leque e, assim, "perder a face" – *lose face* –, significando "ser humilhado", "desprestigiar-se".

Batalhamos para manter a ilusão que criamos, todavia, com o tempo, essa autoimagem tende a desintegrar-se. Na busca do crescimento pessoal e desenvolvimento saudável, vamos tomando cada vez mais consciência das máscaras que usamos. Começamos a descartar as imagens falsas e aprendemos a nos aceitar como realmente somos. Uma percepção mais profunda de nós mesmos altera o equilíbrio do poder em nossa vida, porque, caso permaneça inconsciente, qualquer aspecto de nós mesmos é capaz de nos controlar e afetar de maneiras que talvez sequer enxerguemos.

Uma autoconsciência mais atilada nos leva a querer mudar aquilo de que não gostamos em nós. Conheci uma jovem cuja gramática capenga a embaraçava demais. Ciente do problema, ela agora se esmera para falar corretamente. Por outro lado, Joe, gerente de departamento pessoal, sempre negou seus preconceitos raciais para os outros e para si mesmo. Ao ser acusado de discriminação, ele ficou chocado. A despeito de nunca haver contratado um candidato pertencente às minorias, jamais se considerara intolerante.

Sim, é importante lutar para atingir o autoconhecimento e a autoaceitação, mas sabendo que ainda haverá momentos em que nos veremos expostos e humilhados. Ao cometermos um erro ou vermos nosso prestígio escorrer pelo ralo, a reação natural é nos sentirmos aflitos, cheios de vergonha. O luto e o processo de cura principiam quando reconhecemos exatamente o que perdemos numa circunstância específica. Identificar o que perdemos nos permite determinar o valor que lhe atribuíamos e decidir se desejamos ou não preservar tal valor.

Brian, de quem contamos a história, deu-se conta de que exercer a advocacia fora o seu valor primordial e vitalício. Quando a vida – sob o disfarce das três faculdades de direito – lhe tirou essa opção, a angústia o engolfou. Superadas a dor e a tristeza, Brian tinha algumas deliberações a fazer. Seu valor como pessoa dependia de ser advogado? Não haver sido aceito pelas três faculdades de direito significava que ele era incompetente e destituído de qualquer valor? Decepcionara, de fato, sua família e amigos? O que realmente iria acontecer quando tornasse a encará-los? Estava mesmo disposto a deixar que as opiniões alheias arruinassem sua vida? Aquelas rejeições poderiam beneficiá-lo de algum modo? Como escolher que rumo seguir agora?

Perda de prestígio ou *status* nunca será fácil. É algo que deve e precisa ser pranteado, porém, assim como todas as perdas, estas também nos oferecem oportunidades de crescimento se não as permitirmos perdurar e corroer nossa alma.

Dinâmicas de reflexão

♦ Lembre-se de que você está sempre na presença de Deus, que o ama exatamente como você é e diante de quem nunca há razão para sentir-se envergonhado. Relaxe nesta presença. Pouco a pouco, traga à lembrança acontecimentos em que você viu seu prestígio esvair-se, ocorrências que continuam suscitando emoções. Atente para as perdas que já não são mais fonte de angústia. O que torna essas perdas distintas? Você lidou com elas de uma maneira diferente?

♦ Ao lembrar-se das perdas de prestígio ou dos momentos de rejeição e constrangimento, procure detectar o que você realmente perdeu em cada uma dessas experiências. Ainda há necessidade de lamentar o que se foi?

♦ Reflita sobre os momentos em que você se sentiu constrangido ao longo da vida. Há um denominador comum nas experiências que despertaram tal reação? O que você mais teme parecer? "Burro"? Tosco? Fracassado? Existe alguma coisa que talvez você possa descobrir a respeito de si mesmo da qual queira desapegar-se e também lastimar-se? Peça a Deus a graça de ponderar esses questionamentos.

♦ Se você ainda sofre por haver sido humilhado por alguém, admita-o. Quem estava presente na ocasião? O que houve? Onde você se encontrava? Quando e por que tal coisa aconteceu? Quais são os seus sentimentos neste exato instante? Pergunte ao Espírito Santo, que habita em você, o que lhe cabe fazer para se desvencilhar da perda de prestígio e peça a graça de superá-la.

♦ Uma vez revisitadas as lembranças das situações constrangedoras e sentidas as emoções a elas vinculadas, reze esta oração ou uma prece similar: "Criador misericordioso, entrego-lhe todos os meus momentos embaraçosos e todos os sentimentos que os acompanham. Por favor, tome-os em suas mãos e transforme-os na graça do amor-próprio e da compreensão. Ajude-me a me lembrar de que não sou perfeito, de que você me ama como sou e ama os meus esforços para superar meus constrangimentos".

♦ Ore com a Palavra de Deus. Permita às mensagens destas passagens ajudarem você em seu pesar.

A Palavra de Deus

O Senhor Deus enxugará as lágrimas de todas as faces
e removerá de toda a terra a vergonha.

Is 25,8

Senhor, tu me sondaste e me conheces.
Sabes quando me sento e quando me levanto,
de longe percebes os meus pensamentos.
Discernes minha caminhada e meu descanso
e estás a par de todos os meus caminhos.

Sl 139(138),1-3

Pois tu plasmaste meus rins,
tu me teceste no seio de minha mãe.

Graças te dou pela maneira espantosa
como fui feito tão maravilhosamente.
Maravilhosas são tuas obras;
sim, eu bem o reconheço.

Sl 139(138),13-14

·········· *Oração final* ··········

Deus salvador, você nos conhece exatamente como somos e, ainda assim, nos ama. Ajude-me a abandonar minhas máscaras e a me ver como você me vê – alguém digno de ser amado. Ajude-me a compreender que minhas imperfeições podem ser o caminho que devo percorrer rumo à plenitude em você. Fortaleça-me para que eu seja capaz de me enxergar como realmente sou e usar essa percepção como ponto de partida para o meu crescimento.

REFLEXÃO 10

Integridade e autorrespeito
"Nunca mais terei algum valor..."

.... *Oração inicial* ....

Deus da esperança, você nos concebeu "um pouco inferior a um ser divino" e concedeu-nos o dom do livre-arbítrio. Esteja comigo, pois luto com algumas de minhas más escolhas. Ajude-me a transformar meus erros em guinadas felizes que me conduzam de volta à sua misericórdia, à sua sabedoria e ao seu amor. Que por meio do meu arrependimento e da minha tristeza eu seja agraciado com a integridade e o amor-próprio que você deseja para todo o seu povo.

....

História

Muito tempo se passou antes que Anne conseguisse contar a alguém o que fizera. Fora uma luta admiti-lo até para si mesma. Mas iria reparar seu erro. O primeiro passo havia sido restituir, anonimamente, o valor total da joia à loja. E agora, em lágrimas, confessava à sua melhor amiga: "Não sei o que deu em mim. Quando eu estava experimentando os braceletes de ouro, alguém chamou a vendedora do outro lado do balcão. Tudo aconteceu tão depressa. Ainda hoje custo a acreditar na minha conduta! Simplesmente pus uma das pulseiras na bolsa. Eram tantas espalhadas sobre o balcão, que a vendedora não daria falta. E quando caí em mim, não tive coragem de voltar atrás, porque a vendedora ficaria sabendo! Agradeci-lhe a atenção, falei que ia pensar mais um pouco, dar uma olhada nas outras lojas, e saí de lá o mais rápido possível".

Durante quatro meses Anne carregara aquele segredo consigo. Logo após o furto, sua reação imediata fora um misto de alívio e culpa. Alívio por não haver sido pega, culpa pelo roubo. O acontecido a afligira tanto, que ela escondera o bracelete no fundo de uma das gavetas da cômoda, convicta de que encontraria um meio de recolocá-lo na vitrine da joalheria sem o conhecimento de ninguém. Por fim, acabara enviando dinheiro para a loja, com uma nota datilografada explicando tratar-se do ressarcimento de uma joia roubada.

Não obstante, nem sequer a restituição financeira aplacara sua culpa. Anne jamais se atrevera a usar o bracelete que, aos seus olhos, convertera-se no símbolo de algo terrível. "Sou uma ladra", confidenciou, em prantos, à amiga, Bárbara. "Sou uma pessoa horrível. Jamais roubei nada antes. Mas devia querer, ou não teria feito isso na primeira oportunidade."

Abraçando-a, Bárbara procurou reassegurá-la: "Eu a considero minha melhor amiga! Quantas coisas boas você já fez por mim e por tanta gente. Claro que você não é uma pessoa horrível, Anne!"

Bárbara, então, perguntou-lhe o que ela ainda achava ser necessário fazer, visto já haver reembolsado a loja.

"Já me confessei, porém continuo me sentindo muito culpada", reiterou Anne. "Não tenho mais certeza de que posso confiar em mim. Toda vez que saio para comprar alguma coisa, estou uma pilha de nervos, com medo de que não conseguirei me controlar. Jamais tornei a pôr os pés naquela joalheria. Tenho medo de que eles saibam quem sou e estejam à minha espera. Se nem eu posso confiar em mim mesma, como você, ou qualquer outra pessoa, confiará? Nunca mais terei algum valor."

Comentário

Todos nós temos igual capacidade para praticar o bem e o mal. Podemos ser extremamente amorosos, gentis, generosos, tanto quanto odiosos, destrutivos e mesquinhos. É inevitável que falhemos e, quando isso acontece, nossa integridade e autorrespeito são espancados.

O fato de abominarmos enxergar o lado sombrio de nós mesmos nos induz a tentar negar nossa propensão ao mal. Somos capazes de nos exonerar da nossa responsabilidade com mil desculpas astuciosas. Entretanto, se a nossa consciência estiver viva e ativa, ainda que profundamente enterrada sob camadas de racionalizações, seremos incitados a reconhecer nossas transgressões. Na melhor das hipóteses, o desconforto provocado por nossos erros nos impele a admiti-los, a nos arrependermos e a aprender com eles.

É preciso, sim, nos afligirmos por nossas faltas, porque, implícita, está a perda da integridade. Os erros que cometemos nos levam a deixar de acreditar que somos pessoas boas, confiáveis e gentis – criadas à imagem de Deus. O decurso benéfico do luto segue padrão idêntico ao das outras experiências de perda. O primeiro passo consiste em reconhecer a perda, tal como Anne o fez ao indenizar a joalheria e revelar sua história à amiga. Sendo a dor da perda sincera, somos purificados pela onda de tristeza e culpa que nos engolfa. Na realidade, as emoções que nos assolam – constrangimento, vergonha, sensação de nulidade e tantas outras – evidenciam o que valorizamos e nos instigam a refletir sobre nossa conduta e sobre o que podemos aprender com o que vivenciamos.

No processo de lamentação da perda de integridade, o último passo talvez seja o mais difícil: escolher mudar aquilo que fazemos que nos mantém amarrados ao senso de autorrespeito perdido ou a um comportamento danoso.

Quando falhamos, é comum nos vermos atados à culpa ou ao aniquilamento da autoestima. Sandra é um exemplo doloroso dessa situação. Excelente enfermeira, perceptiva, competente, genuinamente preocupada com seus pacientes. Em meio à agitação de um dia de muito trabalho, ela administrou uma dosagem levemente mais alta de um medicamento a um doente, e este teve uma reação adversa medicamentosa grave. Embora o erro de Sandra houvesse sido seríssimo, o paciente sobreviveu e não só a desculpou, como se esforçou para tranquilizá-la. A despeito de seus muitos e absolutamente irrepreensíveis anos de serviço, Sandra não se permitiu virar a página, pediu demissão e abandonou a enfermagem. Os colegas, a supervisora do departamento e os médicos tentaram ajudá-la a compreender que cometer algum equívoco é inevitável e não havia razão para não continuar exercendo sua profissão. Todavia, Sandra não lhes deu ouvidos. Assim, não apenas privou-se da oportunidade de crescer com a crise, como privou muitos enfermos dos cuidados admiráveis que sempre fora capaz de lhes ministrar.

Em relação à superação da dor causada pela perda da integridade e do autorrespeito, um dos aspectos envolvidos nas mudanças que urgem ser feitas é optar por desapegar-se da culpa. Ao nos dispormos a reconhecer nossas falhas e vencê-las, temos chance de nos tornamos pessoas mais sensíveis, mais fortes, mais solícitas. Ciente das próprias imperfeições, Sandra poderia ter descoberto uma nova dimensão da compaixão por seus pacientes. Sandra, a curadora ferida, poderia ter sido ainda mais capacitada do que Sandra, a enfermeira perfeita.

O furto da joia talvez tenha obrigado Anne a encarar o seu apego às coisas materiais. A culpa e a perda do autorrespeito convidaram-na a reconsiderar seu foco nas posses. Se Anne usar a culpa como um trampolim para a aprendizagem e o crescimento, a perda se converte numa "falha feliz", que conduz à conversão.

Além de superar a culpa, outra maneira de vivenciar o processo do luto de forma salutar é tomando a firme decisão de modificar nosso comportamento pernicioso. Se, com a graça de Deus, mudamos nosso comportamento, evitamos acabar num círculo vicioso, repetindo o mesmo erro e nos arrependendo reiteradamente. A menos que nossas faltas, tristeza e arrependimento nos tragam a este patamar, não teremos concluído o processo de luto. Quando nos recusamos a aceitar a graça da conversão e a completar o processo, corremos o risco de permanecer presos a padrões derrotistas e autodestrutivos. A renúncia à superação das nossas fraquezas nos condena a viver envolvidos pela mortalha da integridade perdida.

Dinâmicas de reflexão

♦ Sente-se calmamente, respire fundo algumas vezes e relaxe. Não se esqueça de que você está na presença de Deus, de um Deus que o segura nas mãos com um amor infinito. Pense em quaisquer de seus erros ou defeitos que continuam afligindo você. Alguns talvez sejam óbvios e recentes, outros há muito enterrados nas profundezas do seu ser. Identifique-os e conscientize-se das emoções despertadas. Se desejar, anote seus pensamentos e sentimentos em seu diário.

♦ Pense numa falha específica da qual você esteja dolorosamente consciente e reflita sobre outras possíveis perdas vinculadas a ela. O que aconteceu provocou alguma mudança em como você se vê ou se sente a respeito de si mesmo? Você modificou o seu jeito de fazer as coisas em decorrência de seu erro? Repetindo: cada perda relembrada atiça emoções. Simplesmente permita-as emergir.

♦ Pense num erro com o qual você ainda se encontra lutando e pondere o que o este tem a lhe ensinar. Como você pode crescer em consequência da falta cometida? De que modo o desacerto tem desafiado você a viver de um jeito diferente? Converse com o Espírito Santo sobre isso.

♦ Ao rememorar cada uma de suas faltas, pondere o que você continua achando ser necessário fazer a respeito. A fim de auxiliar você no seu exame de consciência, responda as perguntas abaixo sobre cada um dos prováveis motivos da perda do autorrespeito:

- Quando me lembro deste meu erro, que sentimentos afloram? O que eles me dizem sobre minha necessidade de arrependimento e luto?
- Continuo repetindo o mesmo ato? Por quê? Desejo, de fato, mudar minha maneira de agir?
- Que graças necessito de Deus para viver retamente e evitar cometer o mesmo erro?
- Que atitudes devo tomar para viver com honradez e converter este erro numa falha feliz?

Peça a Deus a graça de ser capaz de corrigir sua vida e de se libertar da dor do autorrespeito perdido.

♦ Você está ciente de ter algum apego a erros passados ou aos sentimentos que nutre por si mesmo em razão de suas falhas? O que você ganha permanecendo acorrentado aos erros passados e às emoções resultantes?

♦ Ao identificar quaisquer faltas que tenham sido particularmente difíceis para você aceitar ou reconhecer, ou quaisquer sentimentos sobre si mesmo que o desesperem, converse com Jesus e peça-lhe um auxílio específico. Se desejar, faça uma oração espontânea, ou reze com as seguintes palavras: "Ó Deus, eis aqui algumas coisas que me têm sido duras admitir: _____. Quero superá-las, mas estou encontrando extrema dificuldade. Ajude-me a perceber que cada pequeno passo para ser capaz de virar a página é também um passo na direção do meu crescimento pessoal, um passo que me conduz para mais perto de você. Ajude-me a entender que não preciso continuar me sentindo mal a respeito de mim mesmo".

♦ Ore com a Palavra de Deus. Permita-se ser consolado e desafiado a lamentar o autorrespeito perdido, voltando, assim, sua vida para Deus.

A Palavra de Deus

> Bendize, ó minha alma, o Senhor,
> e todo o meu ser, seu santo nome!
> Bendize, ó minha alma, o Senhor,
> e não esqueças nenhum de seus benefícios!
> É Ele quem perdoa toda a tua culpa
> e cura todas as tuas enfermidades.
> Ele resgata tua vida da cova
> e te coroa de amor e misericórdia.
>
> Sl 103(102),1-4

Pois estou persuadido de que nem a morte, nem a vida, nem os anjos, nem os poderes celestiais, nem o presente, nem o futuro, nem as forças cósmicas, nem a altura, nem a profundeza, nenhuma outra criatura poderá separar-nos do amor de Deus manifestado em Jesus Cristo, nosso Senhor.

Rm 8,38-39

Oração final

Deus do perdão e da cura, em suas mãos entrego minhas faltas, meus erros e todos os sentimentos danosos por eles gerados em mim. Purifique-me das minhas ofensas e me arranque desse poço de angústia. Que eu cresça forte e pleno em você e continue a dizer sim à constante renovação. Ajude-me a me valorizar como uma manifestação única da sua presença no mundo e a agir de acordo.

REFLEXÃO 11

Um animal companheiro
"Era só um cachorro..."

·········· *Oração inicial* ··········

Deus, criador de todas as coisas, você revela sua face em todas as suas criaturas. Obrigado pela dádiva de nossos animais companheiros, cuja presença nos enriquece. Venha em meu auxílio, quando a tristeza e a dor pela perda de meu companheiro me abatem.

······················

História

Marko, o bóxer de Joan, adorava segui-la de lá para cá, instalar-se sob sua escrivaninha enquanto ela trabalhava e esticar-se no tapete diante da pia até que terminasse de lavar a louça. Ele dormia em sua cama, e quando ela saía de carro para fazer compras, o bóxer ia junto, o focinho do lado de fora da janela sorvendo deliciosamente o ar.

Antes do advento de Marko, não houvera cachorro que não amedrontasse Joan. Na verdade, precisara lutar consigo mesma para concordar com a ideia de adotá-lo. Fora sua irmã, com toda aquela empolgação quanto à beleza do cãozinho, que acabara convencendo-a, lembrando-a de que ela sempre dissera que perderia o medo "se pudesse ter um filhote bóxer, que crescesse sob suas vistas".

Assim, Marko entrou saltitante no mundo de Joan e pôs-se a mostrar-lhe a vida na perspectiva canina, ensinando-lhe tudo aquilo que ela desconhecia e contagiando-a com sua exuberância e prazer de viver. Pela manhã, embora ainda nem estivesse completamente desperta, a correria desabalada de Marko pelo quintal provocava-lhe risos. Tampouco deixava de sorrir quando, duas vezes ao dia, na hora exata, o avistava babando-se alvoroçado na antecipação de ser alimentado. E com que deleite ele recebia a mesma comidinha cotidiana, como o fariam os convidados de um jantar de Ação de Graças, com seus "ohs" e "ahs" diante do peru dourado e do molho de sálvia perfumado. Um simples passeio pela vizinhança transformava-se numa aventura de cheirar e lamber, um momento de descobertas inesperadas.

A despeito de sua predileção por algumas pessoas e animais com quem costumava cruzar pelo caminho,

Marko, com o seu jeitão, induzia quem quer que fosse – até as criaturas mais rabugentas – a agirem de forma amigável. Certo de que as pessoas estavam felizes em encontrá-lo, simplesmente atirava-se sobre elas, arrebatado. O bóxer aceitava cada qual como era.

No entanto, no que pareceu um piscar de olhos, Marko envelheceu. O câncer começou a consumir sua imensa vitalidade. Sem conseguir acreditar no que acontecia, Joan recorreu a todos os tratamentos possíveis, numa tentativa de restaurar a saúde de Marko. Perdê-lo seria impensável, não quando ele havia se tornado uma companhia reconfortante, uma presença dinâmica e essencial no seu mundo. Todavia, à medida que o câncer se espalhava pelo corpo do cachorro, Joan reconheceu, penosamente, que precisava aceitar sua partida. A visão daqueles olhos embotados de dor e do andar vacilante sobrepujou seu desejo de prolongar-lhe a vida. Jamais imaginara quão dura tal deliberação seria, e quanto sofrimento acarretaria a perda de um amigo animal.

Comentário

A relação de companheirismo entre humanos e animais é comum e frequente. São várias as razões, porém o fato de que tendemos a estabelecer vínculos com animais é indiscutível. Quando existe uma conexão significativa entre uma pessoa e um animal, lidar com a perda deste ser especial segue as mesmas fases de todos os outros lutos.

Não obstante, muitas vezes, os que estão sofrendo com a partida de um *pet* se deparam com aqueles que buscam minimizar a experiência. Num esforço desajeitado para oferecer consolo, disparam frases do tipo: "Não se sinta tão mal. Era só um gato!", "Simplesmente esqueça; afinal, era só um cachorro", "Você pode arrumar outro *pet* quando quiser!" Comentários assim depreciam e negam nossa tristeza e pesar e, com certeza, não eliminam a necessidade de lastimar a morte de nosso amigo animal. Devemos nos dar permissão para sofrer, pois perdemos uma parte significativa de nós mesmos.

Qualquer pessoa que tenha criado laços com um *pet* sabe que os animais, a exemplo dos humanos, são criaturas singulares. Não existem dois dálmatas ou dois gatos siameses iguais. Cada um tem personalidade e temperamento únicos, cada um tem um estilo individual de abordar a vida. Nenhum *pet* substitui o outro, por conseguinte, cada relacionamento com um animal companheiro é exclusivo.

Experimentamos graus variados de conexão com os animais. Alguns donos de cães talvez vejam seu animal como um agente protetor, sempre rondando a casa. É provável que a ligação entre ambos seja menos intensa do que aquela entre alguém confinado ao lar e seu cão, quando este é o único ser vivente e responsivo ao redor. Um gato pode ser encantador e divertido. Nas palavras de Judy: "Quando me sentia melancólica ali estava Bingo, para me levantar o ânimo. Eu adorava tê-lo à minha volta". Contudo, certos elos entre os felinos e seus donos são mais fortes. Ao lamentar a morte de seu gato, Mark confessou: "Aquele gato realmente me fez tirar os olhos do meu próprio umbigo e me obrigou a pensar em alguma coisa que não fosse eu mesmo. Cuidar dele e tê-lo por perto foi a melhor decisão que tomei. Uma decisão que, deveras, me mudou como pessoa".

A relação com um *pet* companheiro constitui-se de muito mais componentes do que supomos. Além da companhia agradável, um cão ou um gato nos proporcionam aceitação incondicional, isenta de críticas, algo que raramente nos é ofertado por nossos pares humanos. O relacionamento com um *pet* nos abre para o mundo de maneiras impraticáveis para quaisquer interações humanas. Imaginar o mundo através dos olhos e ouvidos de um cão ou de um gato aguça a nossa habilidade perceptiva. Os animais são capazes de nos ensinar a viver o momento presente e a valorizar mesmo o mais pequenino dos agrados. A abertura à sua sabedoria nos expande e nos impele ao crescimento. Estudos realizados em hospitais e clínicas de repouso demonstram que criar laços com animais tem um poder curativo.

Perante a morte de um animal companheiro, talvez nos descubramos nos debatendo com um sofrimento inesperado. Talvez, pela primeira vez, sejamos instados a reconhecer a força do vínculo que nos unia.

Não perdemos somente um *pet*, mas também dádivas intangíveis. Se, por exemplo, um gato foi presente de uma pessoa significativa – que já saiu da nossa vida –, a morte desse felino pode trazer à tona uma questão mal resolvida relativa à dor de uma perda anterior.

As emoções provocadas pela morte de um *pet* nos dão alguma indicação da natureza de nossas perdas.

"Não fiquei apenas triste quando Sundance morreu", admitiu Maria. "Fiquei realmente com raiva de tudo. Quanto mais pensava na minha raiva, mais me dava conta do quanto me sentia impotente. Com Sundance, pela primeira vez na vida, tive algum controle sobre alguma coisa. O cachorro era meu. Cuidei bem dele e não havia ninguém me mandando fazer isso ou aquilo. As decisões cabiam a mim. E agora ele partiu."

A sensação de sermos extremamente necessários é natural, considerando o quanto um *pet* depende de nós. Cuidar de um cão ou de um gato nos chama a ser protetores e responsáveis. Assim, quando um *pet* morre, acabamos nos culpando, convictos de havermos falhado em nossos cuidados. Porém, quase sempre, não poderíamos ter alterado nada. Entretanto, às vezes, a culpa é nossa. Durante uma sessão de aconselhamento, Julie contou, aos prantos, que, por decisão judicial, fora obrigada a sacrificar seu cão devido a uma série de incidentes com mordidas.

"Meu cachorro morreu por minha culpa. Quando filhote, ele gostava de me mordiscar e eu o achava tão fofinho que nunca o fiz parar. Não consegui mudar o seu comportamento mais tarde."

Quer tenhamos culpa ou não, a morte de um *pet* nos fere fundo.

Decidir sacrificar um animal companheiro nos estraçalha. De fato, muitas pessoas acham que tal decisão é ainda mais torturante do que a morte física do animal. Tanto que, tempos depois, continuam se perguntando se não poderiam ter feito mais alguma coisa. A culpa se mescla a outros sentimentos, mesmo quando sabemos que a nossa foi uma decisão amorosa.

Para superar a dor, é essencial tomarmos consciência de tudo o que foi perdido com a morte de nosso *pet* e deixar as emoções fluírem. Apenas então temos condições de deliberar sobre como seguir em frente. A exemplo de quaisquer outras perdas, é importante não "preencher a vaga" depressa demais. Não devemos esperar que um novo *pet* anule a necessidade de vivenciarmos a dor. Não sofrer é um desserviço que prestamos a nós mesmos. É claro que poderá haver um momento em que desejaremos trazer uma nova criatura para a nossa vida. Todavia, permitirmo-nos algum tempo para nos lamentarmos é um presente importante que nos concedemos. Perdemos uma manifestação única e insubstituível de Deus na criação. Essa perda merece o nosso respeito e o nosso luto.

Dinâmicas de reflexão

♦ Acomode-se com calma, respire lenta e profundamente, relaxe. Recorde-se de todos os animais companheiros que você tenha perdido ao longo da vida. Escreva seus nomes em seu diário e olhe suas fotos, se as tiver. Atente para a singularidade de cada *pet* e considere o que tornou cada relacionamento especial. Pondere as características únicas de cada *pet* e diga a Deus o que você amava em cada um deles. Reflita sobre o que você aprendeu com cada um desses relacionamentos. Não se esqueça de que você se encontra na presença de Deus ao desfiar suas lembranças. Esteja em sintonia com os seus sentimentos. Você ainda se aflige pela perda de algum *pet* em particular?

♦ Pense num *pet* cuja perda continua sendo fonte de dor e tristeza. Reflita sobre as características do vínculo entre vocês. Que outras perdas a morte desse animal companheiro acarretou? Como você se sente, neste momento, ao lembrar-se dele? O que suas emoções lhe dizem sobre a importância desse relacionamento?

Imagine seu *pet* no colo ou ao lado de Jesus agora. Fale com ambos sobre seus sentimentos. E então confie aquele bichinho especial aos cuidados de Jesus.

♦ Medite as lições aprendidas por meio dos laços criados com os seus *pets*. Que ensinamentos eles lhe deixaram? O legado da sabedoria animal faz com que seus *pets* permaneçam vivos em você?

♦ Você é uma pessoa melhor por causa de seus relacionamentos com animais companheiros? Mais carinhoso? Mais sensível? Mais perceptivo?

♦ Ore com a Palavra de Deus. Permita que o significado dos trechos abaixo ajude você em sua dor e em sua conscientização do relacionamento vivenciado com o seu *pet*.

A Palavra de Deus

> Pergunta às feras, e te instruirão,
> aos pássaros do céu, e te ensinarão.
> Fala com a terra, que te instruirá,
> e os peixes do mar te contarão.
> Entre todos estes seres, quem não sabe
> que foi a mão do Senhor que fez tudo isso?
> Em seu poder está a vida de todo ser vivo.
>
> Jó 12,7-10

> O Senhor é bom para com todos,
> e cheio de misericórdia para todas as criaturas!
>
> Sl 145(144),9

·········· *Oração final* ··········

Criador compassivo, você se manifesta em cada partícula do universo e em cada um dos seres vivos por você concebidos. Ajude-me a entender que, quando fecho o coração para quaisquer dessas criaturas, corro o risco de não perceber sua exuberância e seu espírito brincalhão e de não enxergar o seu encanto e o seu amor sincero por mim. Conceda-me a graça de ser um guardião cuidadoso de suas criaturas, grandes ou pequeninas. Agradeço-lhe, em especial, por ter convivido com _____. Peço-lhe, agora, que me liberte do meu sofrimento pela morte de _____.

....

REFLEXÃO 12

Confiança nas crenças religiosas
"Já não é mais a mesma igreja..."

·········· *Oração inicial* ··········

Deus vivo, ajude-me a enfrentar os desafios às minhas crenças ancorado na minha confiança em você. Eis que me despojo da fé infantil ansiando atingir a maturidade espiritual, que há de me sustentar agora. Peço-lhe, Senhor, conduza-me em minha dor para que eu possa aprender, crescer e me aproximar sempre mais de você. Esteja comigo nessa minha busca de plenitude e cura.

·················

História

Terminada a missa dominical, Dan não escondia a indignação. No carro, dando vazão à raiva, queixou-se à esposa.

"Nem me sinto como se houvesse vindo à missa. Fiquei tão desnorteado com a maneira como a celebração estava sendo conduzida que não fui capaz de rezar! De que adianta continuar frequentando a igreja?"

Bárbara já tentara argumentar com Dan antes, todavia, quando tocava no assunto, o marido explodia. Na realidade, ela também não gostava nada do modo como as coisas tinham mudado e tampouco entendia a razão das mudanças. Porém, seria desleal se não saísse em defesa da Igreja.

Dan e Bárbara, "católicos de berço", haviam estudado em escolas católicas e participado da catequese para receber os sacramentos. Na perspectiva do casal, a certeza de que a fé que professavam permaneceria imutável constituía um dos principais aspectos da religião – pois sabiam, exatamente, onde tinham fincado os pés. Ao longo dos anos, fora-lhes ensinado a defender tudo o que se relacionasse à Igreja e às suas crenças, e esse conjunto de convicções e práticas sólidas lhes proporcionava segurança.

"Não é disso que se trata a religião?", questionou Dan. "Não importava em que parte do mundo estivéssemos; a Missa seria idêntica. Era algo com que podíamos contar. Ninguém nunca se preocupava com o que deveria acreditar – simplesmente acreditávamos. Não precisávamos pensar a respeito! Eu me sentia seguro assim."

Atualmente, tudo relativo à Igreja dava a impressão de estar imerso em turbulência. Havia igrejas com altares secundários, além do principal, no centro. Em outras, o altar-mor fora retirado de junto da parede e virado para a assembleia. Quando o idioma de cada país substituíra o latim, o mistério evaporara. Violões, flautas, e até pandeiros, passaram a ser tocados na liturgia e cantos novos tomaram o lugar dos antigos e preferidos. Dan recusava-se a cantar ao som de violões e, a despeito de cordial, não o agradava apertar a mão de pessoas que nem sequer conhecia na hora do abraço da paz. Ensinaram-lhe a proteger sua fé, entretanto, agora, o maior ataque à Igreja parecia estar sendo desferido por aqueles que a administravam! Embora continuasse indo à Missa, sentava-se num dos últimos bancos, de onde podia acompanhar a celebração com o seu Missal Romano e bloquear, ao máximo, o que acontecia ao seu redor.

O tumulto interior de Dan só fez aumentar quando sacerdotes e religiosas começaram a deixar suas comunidades. Impossível compreender tamanha falta de comprometimento. Sua irritação extrapolou diante da notícia de que as freiras haviam transferido a direção das escolas de Ensino Fundamental I para docentes leigos, apesar de reclamar com a esposa que "ninguém mais sabia quem era ou não freira, visto já não vestirem os hábitos tradicionais".

Por fim, a confiança de Dan na Igreja recebeu um golpe atordoante. No decorrer de três semanas, dois padres da diocese tinham sido acusados de abuso sexual contra adolescentes. Ler as matérias sobre o assunto o nauseava e a escuridão das dúvidas o envolveu como um manto. Questionamentos que jamais cogitara adentraram sua consciência. "Será que estive errado todos esses anos? Será que Deus abandonou a Igreja? Será que foi tudo em vão?" Mergulhado na crise, Dan prosseguiu frequentando a igreja, mesmo sentindo-se como se alguém houvesse morrido.

Comentário

Mudança é sinal de vida. O inverno flui para a primavera. De ovos, eclodem águias. Bebês tornam-se adultos vigorosos.

Não obstante, continuamos buscando algo permanente e imutável a que nos aferrarmos. Sucumbimos à sensação de que lidamos melhor com as mudanças quando plantados sobre um alicerce firme. Uma vida saudável parece consistir no equilíbrio constante dessas duas forças – segurança e estabilidade, desapego e mudança. A plenitude da vida acontece quando essas duas forças dançam juntas, em harmonia – às vezes uma tomando a dianteira, às vezes a outra. Se não estamos nos movendo, não estamos dançando. Se nos movemos de maneira errática, ou mais rápido do que a música, não estamos dançando. Deus é o "Senhor da Dança", proclama a antiga canção *Shaker*. Deus nos convida a dançar.

Agarrar-se à segurança, ignorar mudanças e viver estagnado pode ser fatal. A única diferença entre a estagnação e a sepultura é a profundidade. Contudo, costuma ser igualmente pernicioso não termos sustentáculo algum, nenhuma crença sólida. Quando nos movemos em qualquer direção que o vento sopra, perdemos a noção de quem somos. Uma música *country* popular exemplifica bem a questão: "Você tem que tomar uma posição ou será arrastado para todo e qualquer lugar!"

Para muitos de nós, as crenças religiosas nos propiciam o suporte mais rijo que há. Deus é nossa rocha, nossa fortaleza, nosso baluarte. A convicção de que Deus nunca muda nos conforta em meio às tribulações, problemas e incertezas.

Se cremos que Deus é supremo e perene, é fácil aceitar o conceito de que qualquer coisa pertinente a Ele terá perenidade equivalente. Para muitos de nós, tal princípio era reforçado pela experiência pessoal. Durante anos, nada pareceu mudar na Igreja. As práticas religiosas seguiram inquestionáveis e passamos a acreditar que a natureza da religião estava na imutabilidade.

Mudanças geram insegurança e põem em xeque tudo aquilo em que nos apoiávamos anteriormente.

Temos a impressão de que nos falta o chão e, aflitos, nos perguntamos se seremos capazes de lidar com o diferente. Quando pensamos que as mudanças se vinculam ao nosso amparo eterno, outro fator entra em cena – o medo. Muitas vezes identificamos nossa fé com a sua exteriorização e, assim, qualquer sinal de alteração na sua manifestação representa uma ameaça.

Não raro ignoramos o fato de que, quando nos julgamos desestabilizados pela perda de tradições religiosas, uma vida nova pode surgir. A religião é viva e sua progressão incessante. Sim, o âmago de nossas crenças é inalterável, porém as formas como as compreendemos e as expressamos evoluem ao longo da vida. Em sua Carta aos Hebreus (5,12-14), Paulo fala sobre a necessidade de nos movermos do leite para a comida sólida, a fim de continuarmos a crescer em nosso entendimento.

A maturidade na fé, deveras, exige mudança. Deus nunca muda e, no entanto, é sempre novo. Deus é inexaurível, infinito, está sempre além de nossas expectativas e idealizações. Nas palavras de Paulo aos Romanos (11,33): "Oh! profundidade da riqueza, sabedoria e ciência de Deus! Quão insondáveis são as suas decisões e impenetráveis os seus caminhos!" Mesmo o ensinamento central de Jesus deixa muito a cargo do nosso discernimento. Afinal, a Bíblia não nos diz, específica e detalhadamente, *como* amar a Deus e ao próximo. Não importa quão perturbador seja para nós, sempre temos muito a descobrir sobre Deus. Se a nossa compreensão a respeito dele fosse imediata, se pudéssemos perscrutar, rapidamente, as profundezas dos seus caminhos, Deus não seria Deus. Queremos estabilidade, respostas claras e definições precisas, mas essa não é a natureza divina.

Portanto, quando nos sentimos perdidos, quando nossas dúvidas sobre a religião se multiplicam, quando nossa confiança é abalada, Deus nos convida a olhar mais profundamente para as nossas crenças. Deus nos pede que confiemos mais no Espírito Santo e menos em nossa razão ou vontade, que nos desapeguemos de respostas convenientes e mergulhemos no mistério divino.

Estar aberto para Deus é o desafio enfrentado por aqueles que abraçaram uma fé. Algumas de nossas práticas religiosas talvez continuem nos conduzindo a Deus, porém outras devem ser contestadas e modificadas. Precisamos buscar o equilíbrio também nessa esfera: a vida oferece conforto e desafio, acomodação e mudança.

É possível que as mudanças operadas na Igreja suscitem confusão e um sentimento de perda. Os escândalos protagonizados por alguns de seus líderes contribuem para que percamos a confiança na instituição e lançam uma sombra sobre as nossas crenças. Esperamos que a Igreja aja de acordo com o que professa e casos de abusos ou má conduta abalam nossa segurança nas organizações compostas por seres humanos – falíveis, pecadores, competentes, caridosos – como nós. Novamente o nosso senso de perda deve ser identificado e lamentado. Uma crise dessa magnitude também nos chama a alicerçar nossa fé mais firmemente em Cristo, estabelecendo uma distinção entre o que é central e o que é secundário.

Quando refletimos sobre as perdas alusivas às crenças religiosas, as emoções despertadas são capazes de nos auxiliar de várias maneiras, concorrendo para que o processo de luto avance e nos dando pistas sobre quais são, realmente, as perdas sofridas. A sensação de abandono e desamparo, por exemplo, pode indicar que a nossa perda tem muito a ver com questões de segurança. Sentir raiva de figuras de autoridade talvez seja um indício de uma confiança excessiva em algo, ou alguém, agora perdida. Somos forçados a olhar para nós mesmos sob um novo prisma e a clamar pela graça divina.

Por mais doloroso que seja morrer para velhas crenças e práticas, Deus está nos acenando para que tomemos posse de nossa fé, avaliemos nosso comprometimento e possamos dar um salto para uma fé renovada. Assim, nosso relacionamento com Deus está em nossas mãos.

Dinâmicas de reflexão

♦ Acomode-se confortavelmente, respire fundo algumas vezes e relaxe. Pense em quaisquer de suas experiências, relacionadas à Igreja e à religião, que perturbam você. Escreva em seu diário os pormenores causadores da sua angústia. Procure enxergar, com clareza, tudo aquilo que você acha ter perdido. Atente para os sentimentos concernentes a cada uma dessas áreas. São sentimentos diferentes ou sempre os mesmos? Você nota quaisquer características comuns?

♦ Se uma mudança, ou desafio à sua fé, tem incomodado você particularmente, reflita a respeito dessa questão. As perguntas abaixo podem nortear a sua meditação:

• Qual é a natureza da perda?

• Foi aconchego o que você perdeu? Aquela sensação de proximidade com Deus e com seus pais, que lhe transmitiram suas crenças? Aquela sensação reconfortante de saber o que esperar e como agir?

• Terá sido a sensação de segurança a sua perda – contanto que você fizesse certas coisas de certas maneiras, era-lhe garantido uma espécie de "seguro de vida", ou até "seguro de morte"?

• A sua crença ou suas práticas religiosas faziam você se sentir especial? Em caso afirmativo, como? Isso está perdido agora?

• Você perdeu a confiança nas autoridades religiosas?

Lembre-se de que a sua sensação de perda pode conter elementos de todos esses fatores.

♦ Você abriu mão de alguma coisa à qual precisava agarrar-se? Você está aferrado a alguma coisa de que deve desapegar-se? Como a sua aflição pela perda sofrida pode se transformar nos fundamentos ou no estímulo para o crescimento? O que você precisa fazer de maneira diferente? Que graças você pediria a Deus para ajudá-lo a operar as mudanças necessárias?

♦ Ao refletir sobre a perda de confiança nas suas crenças religiosas, você percebe a existência de algum medo associado a essa angústia?

♦ A que esse medo está vinculado? Se você detectar medo, ore: "Ó Deus, você disse que o amor expulsa o medo. Sei que estou com medo de _____. Confio em você, amo você e sei que o seu amor é capaz de extirpar os meus receios. Entrego meus temores a você e peço-lhe que me ajude a seguir adiante com confiança".

♦ Pondere o significado de Deus ser sempre antigo e sempre novo. De que maneiras esse conceito se aplica às suas preocupações atuais sobre as mudanças e os desafios à sua fé?

♦ Quando estamos sob estresse, temos três opções básicas: *mudar* a situação, *escapar* da situação ou *mudar nossa atitude* no que se refere à situação. Considerando o sentimento de perda relativo ao seu comprometimento ou às suas crenças religiosas, para qual dessas três opções você se sente inclinado? Peça ao Espírito Santo para guiá-lo e iluminar o seu discernimento.

♦ Dialogue com Deus sobre a possibilidade de que tais mudanças, ocorridas nas práticas religiosas, tenham afetado o seu relacionamento com Ele.

♦ Medite a Palavra de Deus. O que as palavras de Tiago dizem a você sobre a sua própria situação em relação à fé?

A Palavra de Deus

Considerai, meus irmãos, ser motivo de grande alegria quando passais por diversas provações, sabendo que a prova de vossa fé produz a paciência. Mas é preciso que a paciência produza uma obra perfeita, a fim de que vós sejais perfeitos e íntegros, sem falta de coisa alguma.

Tg 1,2-4

.... *Oração final* ....

Deus vivo, infinito e, no entanto, sempre novo, que, com o seu auxílio, eu possa manter o que é essencial e estar aberto às mudanças capazes de me ajudarem a crescer na fé, na esperança e no amor. Que eu esteja sempre atento à sua presença sagrada subjacente em tudo o que existe.

....

REFLEXÃO 13

Saúde
"Vale a pena viver assim?..."

.... Oração inicial ....

Deus da cura, você nos criou para estarmos plenamente vivos. Ajude-me a encontrar a inteireza do corpo, da mente e do espírito. E quando me sentir doente e fragilizado, mostre-me como o meu sofrimento pode ser um caminho até você.

....

História

Bridget pensou ter torcido a perna ao escorregar para a segunda base. Mas, como não sentisse dor, somente certa fraqueza, ignorou a sensação e seguiu ajudando o time da sua empresa a continuar vencendo o jogo. Ela adorava todo aquele engajamento e atividade.

Tanto que, terminada a temporada de softbol, assumiu o cargo de treinadora voluntária da equipe de voleibol do Ensino Médio de uma escola, função na qual despejou toda sua energia. A vida era boa quando conseguia contrabalançar o trabalho de supervisora assistente de contabilidade com montes de atividades físicas.

Aos 34 anos, Bridget se considerava forte e saudável. O fato de ser pouco afeita a gripes ou resfriados só enfatizava o seu apreço por ser saudável e ativa. Assim, quando a fraqueza na perna persistiu, surpreendeu-se. Depois de várias semanas sem indícios de melhora, concluiu que provavelmente iria precisar de fisioterapia devido a alguma distensão muscular ou algo semelhante.

Entretanto a preocupação de seu médico a intrigou. Ele pediu uma bateria de exames, o que a deixou bastante ansiosa. Quinze dias se arrastaram. Ao entrar no consultório para saber o resultado dos exames, sua confiança, em geral vigorosa, evaporara.

"Parece que você tem um início de esclerose múltipla."

Em choque, Bridget desabou ao ouvir aquelas palavras, convicta de haver algum engano.

No decorrer das semanas seguintes, consultou-se com inúmeros especialistas, alimentando a esperança de que alguém lhe dissesse que aquilo não era verdade. Porém, não apenas o diagnóstico confirmou-se, como outros sintomas apareceram. Dentro de meses, já dependia de um andador e o fisioterapeuta procurava prepará-la para usar a cadeira de rodas. As emoções de Bridget oscilavam entre calma e desespero, raiva e esperança.

Seus dias de atleta tinham chegado a um fim abrupto. O trabalho lhe exigia um esforço hercúleo e algum auxílio dos colegas. Pouco a pouco, ela começou a passar cada vez mais tempo na cama. Até mesmo para realizar as funções mais rotineiras necessitava de ajuda. No decorrer de um ano, toda a sua vida virara de ponta-cabeça.

A tristeza e a raiva quase a consumiram. Foram muitos os dias em que Bridget experimentou a frigidez do desespero na sua luta para encontrar sentido no que lhe parecia uma existência sem valor. Talvez Deus a estivesse punindo por alguma coisa. Sem cessar, remoía as mesmas perguntas: Por quê? Por que isso aconteceu comigo? Por que eu deveria continuar vivendo?

Comentário

Toda doença, seja temporária, crônica ou terminal, traz perdas consigo. Todas afetam o nosso senso de identidade e as nossas emoções. Cada enfermidade carrega significados únicos para o doente, bem como implicações para o futuro. Gerald, um robusto professor universitário de psicologia, sofreu um ataque cardíaco. Após recuperar-se, sua insegurança acabou quase sendo pior do que o acontecido. A despeito do prognóstico positivo dado por seu cardiologista, Gerald sentiu-se como se o enfarte lhe houvesse roubado alguma coisa importante.

"Nunca mais experimentarei aquela sensação de plenitude e liberdade que eu tinha antes desse golpe", ele declarou. "Daqui em diante, sou alguém que sofreu um ataque cardíaco e isso estará sempre na minha mente."

Os significados que atribuímos às nossas perdas variam imensamente. Depois de passar por uma histerectomia, uma mulher talvez experimente alívio por ter um problema resolvido; outra, talvez, lamente a perda da capacidade de gerar filhos; e outra, ainda, talvez acredite haver perdido a feminilidade e deixado de ser atraente. Embora as perdas objetivas sejam idênticas, cada um de nós sofre a própria perda de uma maneira única e subjetiva.

Diversas enfermidades prenunciam perdas adicionais. Uma doença crônica, como a de Bridget, pode desencadear toda uma série de perdas. Bridget não perdeu apenas a sensação de bem-estar, mas também o uso de partes do corpo, seu trabalho, independência, a autoestima e até a vontade de viver.

Qualquer tipo de doença – séria e prolongada ou sem grande importância e passageira – é uma experiência de perda e alude à mais dramática de todas as perdas – a morte. Independentemente do grau de seriedade da nossa enfermidade ou lesão, uma sensação persistente de que "eu poderia morrer disso" penetra nossa consciência. A consciência de nossa fragilidade humana causa ansiedade. Como tendemos a achar as insinuações de nossa própria morte assustadoras, costumamos nos esforçar ao máximo para esmagá-las.

A recusa em reconhecer nossa vulnerabilidade nos causa um mal enorme. Na casa dos 40 anos, Jane descobriu-se diabética. Atormentada pelas exigências da sua condição, simplesmente continuou em frente como se não tivesse nada. Somente depois de haver sido encontrada em coma diabético, à beira da morte, ela se deu conta de que a sua vida dependia de reconhecer e aceitar a diabetes e seguir o regime rigoroso de cuidados. Ignorar as formas como a doença nos afeta mina os nossos próprios esforços para lidar com a situação.

Uma vez reconhecidas as perdas que estamos vivenciando, as emoções brotam. Tristeza, raiva, frustração, depressão, culpa e medo nos invadem. Chegamos a nos ressentir da boa saúde alheia e, às vezes, o desespero nos flagela com pensamentos angustiantes. Sobre o seu longo sofrimento decorrente da tuberculose, Santa Teresa de Lisieux, confessou: "Se eu não tivesse qualquer fé, teria cometido suicídio sem um momento de hesitação"[5]. Teresa até avisou as freiras da comunidade para não deixarem nada venenoso por perto.

Mesmo quando fazemos tudo ao nosso alcance para nos restabelecermos por completo, a doença nos

---

5. John Clarke, *St. Thérèse of Lisieux: her last conversations.*

obriga a encarar nossa fragilidade. Uma jovem mãe, cujo filho de um ano se recuperou depressa de uma infecção potencialmente fatal, confessou: "Ele está bem, mas agora eu preciso me recuperar de toda essa experiência aterradora". Ela havia percebido, com nitidez, a vulnerabilidade de seu filho e a sua própria. Uma das maiores perdas resultantes da doença é a da sensação de ser invencível.

Sofrimento e tristeza não nos garantem sabedoria e compaixão, todavia, podem nos ensinar a ter empatia com nossos irmãos e irmãs e a depender do amor e da misericórdia de Deus. Francisco de Assis, Teresa de Ávila e Inácio de Loyola mudaram de vida depois de doenças sérias e prolongadas. A enfermidade os levou a enxergar o que era de fato essencial na vida: o amor ao próximo e a Deus. Inácio, que passou meses recuperando-se dos ferimentos causados por uma bala de canhão, que estraçalhou sua perna direita, comentou: "Em meio a essas atribulações... não sinto nenhuma tristeza ou dor, porque compreendi que um servo de Deus, por meio da doença, revela-se algo similar a um médico, a fim de direcionar e ordenar sua vida para o serviço e a glória de Deus"[6]. Tal como acontece com quaisquer perdas, a consequência da perda de saúde depende de como sofremos e encontramos sentido nas perdas enfrentadas ao longo da vida.

---

6. William J. Young, *Letters of Saint Ignatius of Loyola.*

Dinâmicas de reflexão

♦ Respire profundamente e relaxe, ciente da presença de Deus que é cheio de amor e zelo por você. Permita-se sentir o desejo de Deus de curá-lo e ampará-lo. Pense nas moléstias, debilidades ou angústias que estejam atormentando você. Atente para qualquer dor ou disfunção de seu corpo. Despojada e conscientemente, coloque tudo o que você está sentindo diante de Deus.

♦ Ao ponderar as disfunções ou enfermidades que oprimem você, analise aquilo de que se viu compelido a abrir mão. Sentimentos de bem-estar? Determinadas atividades? A imagem que você tinha de si mesmo? A sensação de invulnerabilidade? Trabalhos ou funções que já não lhe são possíveis exercer? Existem outras perdas passíveis de serem identificadas? Acolha e libere quaisquer emoções que venham à tona durante sua reflexão.

♦ Em seu diário, escreva um diálogo com a moléstia ou condição que mais lhe causa sofrimento. Pergunte à doença o que ela está ensinando a você, como estabelecerem um relacionamento amigável e, se possível, como curá-la. Convide Jesus a tomar parte da conversa. Fale com Ele sobre a sua enfermidade.

♦ Coloque um crucifixo à sua frente, ou segure-o nas mãos, e pense nas perdas que Jesus deve ter vivenciado durante sua vida, sofrimento e morte. Liste-as e reflita sobre como muitas delas talvez sejam como as suas.

♦ Que mudanças de atitude e comportamento a doença ou o sofrimento têm lhe exigido? Alguma dessas mudanças permite-lhe viver de forma mais edificante e ser mais compassivo? Você está disposto a efetuar os ajustes necessários para lidar melhor com a sua condição ou tende a resistir às mudanças? Como a doença ou o sofrimento podem ser um veículo para uma nova vida? Será a sua situação um convite para uma união mais íntima com Deus?

♦ Pondere o que sua enfermidade talvez esteja lhe ensinando. Peça o auxílio de Deus para que você seja capaz de enxergar as lições e as oportunidades que, até então, tenham lhe passado despercebidas.

♦ Durante sua longa luta com a tuberculose, Elizabeth Ann Seton – fundadora da Congregação das Irmãs de Caridade de São José[7], viúva, mãe de cinco filhos e a primeira santa americana – confidenciou: "A doença não assusta a secreta paz de espírito que está fundamentada na confiança na bondade divina e, se a morte a suceder, devo colocar as esperanças e os temores de uma mãe nas mãos daquele que muito prometeu à viúva e aos órfãos"[8].

♦ Medite as palavras de Elizabeth Seton e o que elas têm a lhe dizer sobre a sua própria doença e angústia.

♦ Ore com a Palavra de Deus. Aplique-a à sua própria situação e deixe-a ecoar em sua alma.

---

7. Primeira congregação religiosa dos Estados Unidos.
8. Joseph I. Dirvin, *Mrs. Seton: foundress of the American Sisters of Charity*.

A Palavra de Deus

Quando meu coração se exasperou
e eu sentia meus rins se dilacerarem,
eu era um desvairado sem entendimento [...].
Mas eu sempre estou contigo,
tu me seguras pela mão direita,
tu me guias segundo teus desígnios,
e no fim me acolherás na glória.

Sl 73(72),21-24

Também o Espírito vem em auxílio de nossa fraqueza [...].
Nós sabemos que todas as coisas concorrem para o bem daqueles que amam a Deus, dos que são chamados segundo seu desígnio.

Rm 8,26.28

.... *Oração final* ....

Deus da cura, Deus da esperança, cure-me segundo a sua vontade e dê-me esperança. Você vem ao meu encontro em todas as minhas fragilidades e em todas as situações em que me sinto alquebrado. Neste momento, Senhor, ajude-me a reconhecer a sua plenitude e o seu poder. Que o meu desamparo me desafie a encontrar forças e cura em você.

REFLEXÃO 14

Lar
"É como se não existisse mais um lugar que eu possa chamar, realmente, de lar."

·········· *Oração inicial* ··········

Deus vivo, você criou o mundo inteiro para ser a minha morada. Ajude-me a perceber sua presença onde quer que eu esteja. Envie-me a sua graça para que eu seja capaz de lamentar o lar que se foi e de desapegar-me. Ajude-me a compreender que, em seu amor, sempre terei um lar.

·················

História

Apenas um mês após o funeral, quando se reuniram para embalar peças do mobiliário e os pertences da mãe, é que os filhos começaram a assimilar a realidade de que seu lar, de certa maneira, morrera também. Os quatro irmãos tinham suas próprias famílias e casas, porém, de alguma forma, fechar as portas do lar de infância intensificava a dor e a tristeza.

Todos haviam crescido naquela casa, onde a mãe falecera, e cada canto estava impregnado de lembranças. Na sala, fotografias dos avós, imigrantes alemães, cujas expressões estoicas não só os fizera rir tantas vezes quando pequenos, como lhes despertara imensa ternura. No quarto dos pais, a cadeira de balanço de carvalho, a madeira arranhada, onde a mãe sentara-se para niná-los. No sótão, os irmãos toparam com a espada de batalha que o pai tomara de um oficial japonês morto, em Okinawa. Quando crianças, quantas e quantas haviam sido suas tentativas vãs para que o pai lhes contasse histórias da guerra. Ele limitava-se a balançar a cabeça com ar sombrio e a dizer não.

Depois de casados, os irmãos continuaram morando nas redondezas e visitavam os pais com frequência. Sempre que um deles falava em "ir para casa" para passar os feriados ou ocasiões especiais, os outros nunca ficavam confusos quanto ao sentido do comentário. Casa era o primeiro lar – o ponto de conexão, onde suas raízes se achavam fincadas.

Até seus cônjuges se sentiam completamente à vontade ali. E os seus próprios filhos não se cansavam de explorar os espaços especiais da velha construção.

Mesmo agora, enquanto guardavam suas lembranças e decidiam o destino dos pertences dos pais, o vento trazia, pelas janelas abertas, os gritos e as risadas de seus filhos brincando no quintal. A casa grande e antiga, e o terreno que a circundava, convidavam à brincadeira.

O falecimento da mãe fora esperado. Após três anos terríveis lutando com o câncer, ela dera boas-vindas à morte. Vendo-a padecer de dores crescentemente excruciantes nos últimos meses, os filhos aceitaram o desfecho inevitável. Todavia, quando o dia enfim chegara, o alívio misturara-se ao sofrimento. Como a mãe lhes fazia falta – em especial naquela casa, onde a presença materna tudo permeava. Ao conversarem sobre seus sentimentos, os irmãos descobriram que todos tinham a sensação de que a mãe iria aparecer a qualquer instante.

Fechar as portas da casa da família se provara mais duro do que haviam antecipado. Robert verbalizara o que se passava no íntimo de cada um.

"Isto é horrível. Não consigo acreditar que não vamos mais voltar aqui. É como se fosse não só o fim da mamãe, mas de uma história. Por que precisamos nos desfazer desta casa? Sinto-me como se estivesse sendo largado no mundo, sem ter para onde ir. É como se não existisse mais um lugar que eu possa chamar, realmente, de lar." Lágrimas vieram aos olhos de Robert e logo todos choravam.

"Parece que estamos nos despedindo da mamãe de novo."

"Lembram-se de quando nos reuníamos na varanda, à noite, e papai nos contava histórias de terror?", Jerry recordou. "E quando Mary Ann fez aquela torta de amoras e deixou cair no chão assim que tirou do forno? Depois que ela parou de chorar, nós nos sentamos e comemos do chão mesmo."

As lembranças sucederam-se umas às outras. Os irmãos riram, choraram e rememoraram. Junto com as recordações, brotaram tristeza e dor, ternura e amor, e até alguns velhos ressentimentos. Tampouco faltaram questionamentos quanto ao futuro.

"Tenho medo de nos perdermos de vista se não tivermos mais este lugar, onde podemos nos encontrar", confessou Mary.

Quando a tarde caiu e seus filhos começaram a vagar pela casa, os irmãos suspiraram, quase em uníssono. Então, com um aceno de cabeça, retomaram, silenciosamente, a tarefa de ordenar e separar os fragmentos do lar.

Comentário

Em todos nós pulsa o anseio de estar "em casa", no lugar certo. Se nossa infância foi relativamente feliz, essa sensação tende a ser associada ao lar familiar. Entretanto, numa infância marcada por abusos, sofrimento ou falta de amor, a ideia de lar talvez acarrete lembranças duras e dolorosas. Neste caso, é provável que nunca tenhamos vivido num verdadeiro lar.

O lar deve ser um espaço em que nos sintamos seguros e cuidados, que nos proporcione um sentimento de pertença. O lar nos ajuda a descobrir e a compreender quem somos. Na realidade, o valor simbólico do lar supera, em muito, o da moradia. O valor do lar costuma ter pouco a ver com a casa que habitamos. Quando a personificação do lar são os pais que nos amaram, isto traduz-se em segurança para nos aventurarmos no mundo. Sabíamos o que esperar no seio da família e o que era esperado de nós. O lar grava em nosso coração uma imagem que nos acompanha nas jornadas da vida, propiciando-nos uma base psíquica em meio aos caprichos mundanos.

Ainda que em nosso lar tenhamos sido feridos por aqueles de quem esperávamos cuidados, carregamos conosco a ideia de como desejaríamos que houvesse sido. A casa onde crescemos permanece em nossa memória e nos molda. Podemos passar a vida à procura de um lar ideal que jamais existiu. Podemos gastar uma energia emocional colossal esforçando-nos para entender o nosso lar de infância. Mesmo a perda de um lar abusivo deixa uma lacuna em nossa vida e traz à tona nossa dor.

Perdas múltiplas agrupam-se ao redor da perda do lar. Para idosos, viúvos ou alguém que já não é capaz de administrar uma casa, mudar-se para um apartamento, morar com um filho ou numa casa de repouso, significa abrir mão de bens preciosos e reconfortantes, acumulados ao longo de toda uma existência. Com lágrimas escorrendo pelas faces, uma residente de uma casa de repouso me confidenciou: "O mais difícil para mim foi deixar minha cachorra para trás. Bella estava sempre comigo. Era uma companheira maravilhosa e sinto demais sua falta!"

Quando uma casa pega fogo, é arrastada numa inundação ou destruída por um tornado, os moradores se desnorteiam, a insegurança os domina. De repente, o mundo inteiro se converte numa ameaça. Perder lembranças tangíveis de acontecimentos passados muitas vezes é como perder a própria história, o senso de identidade.

Podemos querer negar nossa aflição, todavia a tentativa de evitar a angústia, minimizando a perda sofrida, retarda o desapego e a superação. Tal como nas demais perdas, o processo de luto principia com a identificação do que foi perdido. Muitas emoções serão deflagradas ao tentarmos nos desapegar de nosso lar, pois este e nosso senso de identidade se acham entrelaçados. Algumas dessas emoções talvez nos surpreendam e, se lhes prestarmos atenção, é provável que identifiquemos uma perda que sequer considerávamos tão importante assim. Expressar e compartilhar nossos sentimentos, em especial com membros da família, nos ajuda a tomar decisões sobre como nos ajustarmos e lidarmos com a perda do lar.

Dinâmicas de reflexão

♦ Inspire fundo e relaxe. Acomode-se o mais confortavelmente possível. Pense em todas as moradas que você chamou de lar ao longo da vida. Reflita sobre aquelas casas que, de alguma maneira, foram as mais marcantes na sua história – para o bem ou para o mal. Atente para as que têm primazia em sua mente, em particular as que causaram maior impacto em você. Escolha a casa da qual você mais sente falta e pondere o que houve de benéfico e positivo ali. Escreva em seu diário sobre esta casa; descreva seus recantos especiais e seus cheiros, registre as lembranças pungentes guardadas em seu coração. Esteja ciente de seus sentimentos e deixe-os fluir.

♦ Se você cresceu num ambiente negativo e nocivo, pense nisto agora. A despeito de penoso, procure ser específico quanto ao que foi perdido. Identifique as mágoas que você carrega e também aquilo que, ao negligenciá-lo, o seu lar deixou de lhe oferecer. Ao recordar, ou registrar em seu diário o que lhe vem à mente, honre seus sentimentos e pondere-os.

Se você se julgar pronto para se desapegar desta casa e de tudo o que ela representa, ofereça-a a Deus, orando: "Eu lhe entrego _____ (por exemplo, o abuso, a frieza...) a que fui submetido em meu lar e peço-lhe que me ajude a sentir o seu grande amor por mim. Deus misericordioso, que eu faça minha morada em você, pois é você meu pai e minha mãe". Acompanhe essa prece com algum ritual que possa auxiliá-lo no ato de desapego.

♦ Pense na casa de sua infância que você considera ter sido a mais importante (presumindo que houve alguma mudança de endereço neste período). Em seu diário, registre os principais eventos que lá aconteceram. Descreva a aparência de seus pais e irmãos de acordo com as suas lembranças da época. Que imagem, ou metáfora, expressa o que "lar" significava para você durante os seus anos de crescimento? Se desejar, procure representar suas experiências relativas ao lar usando aquarela, giz de cera ou lápis de cor. Ou então, utilizando símbolos, figuras ou marcadores de feltro, crie uma representação gráfica circular – um mandala – da imagem que você guarda do lar. Desenhar um mandala evoca muitos sentimentos e percepções, e explicá-lo, não raro, provoca ainda mais *insights*.

Num diálogo com o Espírito Santo, escreva sobre como a sua experiência de lar, independentemente de como tenha sido, afetou sua vida. Discuta quaisquer aspectos da perda de sua casa que ainda precisam ser lamentados. Partilhe seus sentimentos. O Espírito Santo irá amparar você, e suscitar alguns questionamentos também.

♦ Medite o poema escrito por Teresa de Ávila:

> Nada te perturbe,
> Nada te espante,
> Tudo passa,
> Só Deus não muda.
> A paciência
> tudo alcança.
> Quem tem a Deus
> Nada lhe falta.
> Só Deus basta[9].

♦ Em seguida, reflita sobre estas perguntas:
- Eu acredito que Deus fez sua morada em mim?
- Que tipo de lar ofereço a Deus em meu interior?
- Sinto-me em casa comigo mesmo?
- Sinto-me em casa no mundo? Criei um lar para o meu espírito e também para o meu corpo?

♦ Pondere a Palavra de Deus. Repita, lentamente, uma frase que você julgue mais desafiadora ou afirmativa. Permita suas implicações se tornarem claras.

A Palavra de Deus

> Uma só coisa peço ao Senhor
> e só esta eu procuro:
> habitar na casa do Senhor
> todos os dias de minha vida.
>
> Sl 27(26),4

---

9. Kieran Kavanaugh, *Collected works of St. Teresa of Ávila*.

Não se perturbe o vosso coração.
Credes em Deus, crede também em mim.
Na casa de meu Pai há muitas moradas. […]
Vou preparar-vos um lugar.

Jo 14,1-2

Eu pedirei ao Pai, e Ele vos dará outro Paráclito, que estará convosco para sempre. […] Vós o conheceis porque permanece convosco e está em vós. Não vos deixarei órfãos.

Jo 14,16-18

·········· *Oração final* ··········

Deus acolhedor, é você o lar que busco. Ajude-me a ser grato por quaisquer dádivas a mim oferecidas em meu lar. Conduza-me através da tristeza pela perda de um lar onde reinou a bondade, ou do lar que eu gostaria de ter tido. Que eu deixe de lado a minha dor e construa, com você, um lar em meu interior, um lugar de aconchego e conforto, que me guie e acalente.

··················

REFLEXÃO 15

Independência
"Já não tenho mais nada a dizer sobre coisa alguma..."

·········· *Oração inicial* ··········

Deus da vida e da completude, abra meus olhos para que eu seja capaz de enxergar a perda gradual da minha independência como uma fonte de mudança e crescimento rumo a uma dependência maior de você. Esteja comigo em minha jornada.

··················

História

Jack era dono do próprio nariz desde os 18 anos e sabia muito bem que podia contar consigo mesmo. Casado com Margaret, tornou-se pai de quatro meninos. Ele sustentou os filhos até que terminassem a faculdade, ajudando-os, também, a se estabelecerem em seus empregos e a alcançarem a completa independência. Inclusive, depois de perder o cargo que ocupava – devido à falência da empresa onde trabalhava –, Jack não hesitou em fazer biscates enquanto não encontrava uma posição melhor. Com o tempo, passou a acreditar-se capaz de lidar com qualquer coisa que a vida lhe apresentasse. E assim, embora devastado pela morte de sua querida Margaret, conseguiu seguir em frente.

Agora Jack principiava a se dar conta de que as coisas estavam lhe escapando das mãos. Aos 86 anos, percebia a perda de controle chegar de pequenas maneiras, algo que não admitiria nem para si mesmo. A despeito dos óculos novos, lia com dificuldade. E quando dirigia, as placas de rua pareciam confusas e indecifráveis. Provavelmente não iria passar no próximo exame para a renovação da carta de habilitação. Houve um dia em que esquecera uma panela de sopa no fogão. Fora o cheiro da panela carbonizada que o salvara de um incêndio. Seu médico insistia em lhe dizer que, se não se alimentasse melhor, acabaria enfrentando problemas. Como se não bastasse, uma queda o deixou com uma dor persistente no quadril.

Seus filhos viviam amolando-o com a ideia de um lar de idosos. Inflexível, Jack resistia.

"Prefiro morrer a morar num lugar daqueles. Posso lidar com a situação. Só preciso ter um pouco mais de tempo e me empenhar um pouco mais. Tudo vai dar certo. Sempre dá certo."

Comentário

Independência – a capacidade de viver a vida do jeito que escolhemos, com total autonomia – é um de nossos bens mais valiosos. A independência nos infunde a noção de que somos competentes e emancipados. Gostamos de estar no controle de nossa vida e rechaçamos qualquer sinal de perda da independência. Entretanto, reconhecer nossa dependência e abdicar de algum controle é parte do processo de envelhecimento. Nossos sentidos começam a perder a acuidade, assim como os músculos e a mente, paulatinamente, perdem a agilidade, não obstante quanta atenção e esforço coloquemos em sua manutenção.

A aceitação da redução gradual da independência requer, em primeiro lugar, que reconheçamos as formas como a perda de controle tem se manifestado. O mero pensar nessas perdas é difícil porque lutamos muito para convencer a nós mesmos, e aos outros, de que temos plenas condições de conduzir nossa vida. Embora tal abordagem positiva possa nos ajudar a continuar provendo, até certo ponto, nossa subsistência, admitir as perdas nos auxilia a lidar com os fatos de uma perspectiva mais realista.

Aposentar-se ou estar desempregado – em uma sociedade que nos valoriza e define pelo que *fazemos* –

talvez nos leve à sensação de que somos inúteis e quase destituídos de valor. Doenças graves ou crônicas minam nossa capacidade de nos cuidarmos sozinhos. Toda enfermidade traz, na sua esteira, uma série de perdas adicionais. É possível que já não sejamos mais capazes de ir à igreja, às compras ou visitar amigos. É possível que venhamos a necessitar de cuidadores, e de familiares e amigos de boa vontade que nos transportem de lá para cá e nos façam companhia. Acidentes ou lesões nos prendem à cama ou a uma cadeira de rodas em qualquer idade. Depender de óculos, aparelhos auditivos e bengalas pode ser causa de sofrimento, quer sejamos jovens ou não.

Qualquer restrição à nossa independência é um lembrete de que, na realidade, pouco controle temos. Com certeza todos nós temos uma história única para contar sobre as perdas cumulativas de independência. Para as lamentarmos e nos desapegarmos, precisamos identificá-las, ponderando cada uma em particular. Sem reconhecer cada uma delas, uma sensação generalizada de perda irá permear nossa vida. Não tardaremos a nos sentir como se estivéssemos perdendo o rumo de tudo o que nos diz respeito, ainda que estejamos longe deste momento.

Presumir exercer pouco controle sobre a própria vida desperta sentimentos de desamparo e desesperança, além de raiva ou desespero. É comum ficarmos furiosos com aqueles que acreditamos estarem tentando reger nossa vida, ou que consideramos dispostos a nos impedir de fazer as coisas sem que interfiram. Às vezes, Deus se converte no alvo da nossa raiva. "Eu rezo e rezo e sempre tentei ser uma boa pessoa. Por que Deus está fazendo isso comigo? Sinto-me como se estivesse sendo punido", é um clamor que ouço com frequência. E esses sentimentos persistem quando teimamos em não superar a nossa agonia.

Ajustar-nos à perda de independência, de um modo auspicioso, demanda a modificação de alguns de nossos hábitos. O primeiro passo é analisar quais de nossas atividades físicas são potencialmente perigosas. Por exemplo, subir no telhado para limpar a calha cheia de folhas é uma tarefa que deve ser abandonada. Se nossa visão e reflexos já não nos possibilitam dirigir com segurança, temos que parar de dirigir, em benefício alheio e em nosso benefício também. Não importa quão lógicas sejam tais mudanças, o fato é que não é fácil efetuá-las e a dor da perda é grande.

Por outro lado, uma visão realista de nossa situação costuma nos apontar maneiras de aumentar nossa independência. Durante anos, Marlene se negou a morar em qualquer lugar que não fosse a própria casa, mesmo após ver-se obrigada a deixar de dirigir. Era inevitável que se transformasse numa virtual prisioneira do lar, sempre dependendo de uma de suas sobrinhas para levá-la às compras ou a algum compromisso. Quando, enfim, resolveu mudar-se para um condomínio para idosos, Marlene redescobriu o prazer de sair por aí. Na companhia dos novos amigos, ia de *van* para o *shopping*, participava de bingos e de bailes de danças de salão. Na verdade, renunciar à sua independência anterior permitiu-lhe desfrutar de uma liberdade inédita.

Reconhecer a perda de nossa independência, expressar nossos sentimentos e decidir nos desapegarmos nunca será fácil, porém este processo de luto é, também, uma abertura para uma nova vida. Optar pela mudança é abrir-se para um envolvimento renovado com amigos e familiares, com outras pessoas necessitadas e com Deus. Quando cessamos de viver na correria e avaliamos as tantas maravilhas da vida, talvez nos sintamos impelidos a passar mais tempo com nosso Criador e Sustentador. No âmago do nosso ser, as escolhas serão sempre nossas – pensamentos, estados de ânimo e atitudes. Ninguém pode controlar nosso deslumbramento diante de um nascer do sol, nosso riso ao ouvir uma boa piada – todos esses pequenos milagres cotidianos. A vida não acabou, ainda que seja diferente.

Dinâmicas de reflexão

♦ Acomode-se, respire profunda e lentamente, relaxe. Procure fazer um retrospecto dos últimos anos de sua vida até o atual. Analise as maneiras pelas quais você tem percebido qualquer perda de controle e independência. Liste-as em seu diário. Responder às perguntas abaixo pode ajudá-lo nesse processo:

- Como meu corpo (visão, audição, força) já não consegue acompanhar o ritmo do que eu fazia no passado, ou daquilo que gostaria de fazer agora?
- Sinto-me ressentido quando preciso pedir ajuda?
- Em que situações me exaspero comigo mesmo por não conseguir fazer o que acho que deveria ser capaz?
- Que enfermidades ou deficiências me obrigam a buscar tratamento constante, ou me tornam dependente dos cuidados de terceiros?
- Quando sou esquecido impaciento-me comigo mesmo por ter memória fraca?
- Em que situações me sinto incompetente por não entender – ou nunca haver aprendido – novas maneiras de realizar as coisas?
- Quão irritado fico com aqueles que tentam me controlar, dizendo-me o que fazer e querendo mandar em mim? Quando isto acontece?
- Quão chateado estou comigo mesmo por já não ser como costumava ser?

♦ Depois de analisar seus sentimentos de desamparo e escassez de controle, reflita sobre como essas perdas têm afetado você em aspectos diversos. Preste atenção às suas emoções. Se lágrimas rolarem, não as reprima, pois estas têm o poder de ajudá-lo a lavar a dor da perda. Se a raiva explodir, aceite-a como uma manifestação do quanto você desfrutou de sua independência e de como é duro renunciar a ela.

Caso uma conversa com Jesus, ou com alguém do seu passado de quem você admirava a sabedoria, lhe parecer profícua, escreva um diálogo com Jesus, ou com essa pessoa, expondo seus sentimentos. Eis algumas indagações que talvez estimulem o debate:

• Sinto-me abandonado por Deus e irado por não ter mais a boa forma física e já não ser capaz como na minha juventude? Sinto-me como se Deus estivesse me punindo por alguma coisa?

• Rebelo-me contra o ciclo natural da vida? Estou enraivecido diante das transições naturais que acontecem na minha trajetória? Será que acho que eu não deveria ter que passar por essas perdas?

• Se estou desesperado ou deprimido, qual é a origem desses sentimentos?

• Estará o medo da morte por trás de parte da minha raiva?

♦ Pondere quais mudanças em seu comportamento podem auxiliar você a lidar com o decréscimo de controle ou de independência. Que aspectos de sua conduta precisam ser modificados? Elabore um plano de vida para si mesmo – um programa prático para viver com amor, esperança e fé nas circunstâncias alteradas em que agora você se encontra. Anote detalhes desse plano relativos a algo que você tem evitado fazer, ou que o auxiliem a se aproximar de alguém.

♦ Medite a conhecida prece de Santo Inácio de Loyola. Peça a Deus para que você seja capaz de abandonar-se à sua vontade e aos seus cuidados:

> Tomai, Senhor, e recebei toda a minha liberdade e a minha memória também.
> O meu entendimento e toda a minha vontade, tudo o que tenho e possuo vós me destes.
> Todos os dons que me destes com gratidão vos devolvo. Tudo é seu.
> Disponde deles, Senhor, segundo a vossa vontade.
> Dai-me somente o vosso amor e a vossa graça.
> Isto me basta[10].

♦ Ore com a Palavra de Deus. Fale com Ele como essas palavras são a Boa Nova em sua vida.

A Palavra de Deus

> Bendito seja Deus [...]. Ele nos conforta em todas as aflições, para podermos consolar todos os aflitos com o consolo que nós mesmos recebemos de Deus. Com efeito, à medida que crescem em nós os sofrimentos de Cristo, crescem também por Cristo as consolações.
> 2Cor 1,3-5

---

10. Elisabeth Meier Tetlow, *Spiritual exercises*.

No mundo tereis aflições.
Mas tende coragem!
Eu venci o mundo!

Jo 16,33

·········· *Oração final* ··········

Amigo santo, ajude-me a vivenciar minha plenitude em você. Ajude-me a perceber que você está comigo em todas as perdas da minha vida, sustentando-me em minhas necessidades. Ajude-me a ser capaz de aceitar amparo nesta hora, assim como amparei os outros no passado. Agradeço-lhe todas as dádivas a mim concedidas, mesmo aquelas as quais agora devo renunciar. Transforme a angústia de tornar-me cada vez mais dependente na substância de uma nova vida e fortaleza em você.

·····················

REFLEXÃO 16

A própria vida
"Sinto que estou perdendo tudo..."

.... *Oração inicial* ....

Senhor da vida e da morte, você sabe o quanto tem sido difícil encarar a morte e desapegar-me de todas as dádivas deste mundo. Ensine-me a enfrentar minha morte. Esteja comigo em meu sofrimento e tristeza, neste "vale tenebroso" onde os medos se escondem. Em seu abraço, conduza-me para uma nova vida.

....

História

Jeanie permaneceu tão ativa quanto possível: trabalhando, cozinhando, cuidando da família, tecendo mantas coloridas de crochê, mantendo o quintal impecável. Ela amava plantar flores na primavera, cavar a terra úmida e até cortar a grama. Porém, agora, cada atividade exigia um esforço extra e havia momentos em que suas divagações a paralisavam.

Jeanie estava ciente de que ia morrer. Mais de dois anos atrás, uma fraqueza nas pernas e uma tosse persistente e seca obrigaram-na a consultar-se. Certa de que sairia do consultório com uma receita de antibiótico, surpreendera-se quando o médico insistira em radiografias e numerosos exames, além do de sangue. A fraqueza e a tosse revelaram-se os primeiros sinais de câncer de pulmão.

Ao iniciar a quimioterapia, Jeanie afirmou: "Vou vencer essa batalha". A quimioterapia pareceu dar resultado. Mesmo quando o seu cabelo caiu – uma perda dura –, ela não se abateu, muito pelo contrário. Seu apreço pela vida se aprofundou e sua alegria de viver contagiava. Pacientes e funcionários do hospital adoravam vê-la chegar para os *check-ups* cheia de entusiasmo e bom humor.

Todavia, após um breve período de otimismo, o câncer voltou, espalhando-se por outras partes do corpo. Jeanie sentia a vida se esvaindo. Aterrorizada, clamou: "Como não vou mais estar aqui? O que acontecerá com meus filhos? E o mais difícil é saber que nunca chegarei a conhecer meus netos".

Pensamentos sobre tudo o que iria perder às vezes infiltravam-se em sua consciência – e às vezes a inundavam. Rosas de todas as cores, arbustos de lilases, a vastidão de colinas ondulantes e verdejantes a levavam às lágrimas. Os cachorros que tivera, a fileira, ainda pela metade, dos tomates plantados, seu guaxinim desaparecido, eram lembranças que vagavam em sua mente, junto com imagens da família, amigos, colegas de trabalho e lugares que ainda gostaria de visitar. Refletir sobre todas essas belezas a mergulhava numa melancolia lancinante.

A esperança de Jeanie fraquejou e a tristeza passou a permear cada instante de seu dia. Olhar-se no espelho a chocava. Sua aparência, a cor de sua pele e a sua força haviam sido drenadas. Até o crochê sugava sua energia minguante. Trabalhar estava fora de cogitação.

Quando a dor se intensificava, ela gritava, sentindo-se indefesa, incapacitada para alterar uma vírgula sequer de seu sofrimento. "Não posso me concentrar em nada. Nem ler consigo mais." Inexorável, o câncer a estava despojando de tudo aquilo que valorizava e abalando a sua fé. À irmã, Jeanie confessou, acabrunhada: "Simplesmente não entendo por que Deus não me ouve. Rezo e rezo e as coisas só parecem piorar". Não obstante, continuou rezando.

Perto do desfecho, Jeanie, de alguma forma, encontrou a paz. A despeito de todo o sofrimento, dor, dúvida e tristeza, encarou o desafio final que esta vida lhe apresentava. Suas últimas palavras foram um testemunho de sua aceitação da perda derradeira – a deste mundo – e de sua transição para o próximo.

Baixinho, ela suspirou: "Espero ser capaz de fazer bem esta passagem!"

Comentário

A proximidade de nossa própria morte costuma nos despir de quaisquer ilusões que tenhamos sobre invulnerabilidade e controle. Esse é, também, um processo de luto. Entretanto, se caminhamos para a nossa morte conscientemente, nos é dada a oportunidade de escolher a vida e o crescimento. Thea Bowman, pertencente à Congregação das Irmãs Franciscanas e uma personalidade bastante conhecida em vários meios, dedicou sua vida e ministério ao trabalho junto à comunidade católica negra. Durante seis anos conviveu com o câncer, até sua morte em 1991. Quando lhe perguntavam sobre como enfrentava a situação, Thea respondia: "Quero escolher a vida, quero seguir em frente, quero viver plenamente até morrer". E assim o fez. Irmã Thea manteve uma extensa agenda de palestras e *workshops* mesmo quando já se achava debilitada devido à quimioterapia e obrigada a usar uma cadeira de rodas.

É incontestável que cada um de nós chega às portas da morte ao fim de uma jornada única, pessoal. Se temos um histórico de negar nossas dificuldades, a aceitação da inevitabilidade da morte pode ser árdua. Como em todos os casos de perda, morrer serenamente significa superar a negação e liberar as emoções, atos que andam de mãos dadas. Nossa maneira de reconhecer a própria morte e nos desapegarmos do mundo irá refletir a maneira individual com a qual lidamos com as perdas anteriores.

É possível que as emoções nos devastem, que a nossa sensação de desamparo desencadeie uma raiva surda de nossos cuidadores, família, amigos e Deus. Quando a enfermidade é fruto de nossas escolhas perniciosas, a culpa nos assola. E, naturalmente, a tristeza impregna cada segundo de nossas horas de vigília, em especial à medida que percebemos o peso da nossa perda.

Não raro, doentes terminais tentam permanecer fortes e no controle em seus derradeiros dias. Todavia, dar vazão às emoções, expressar os sentimentos e aceitar o apoio daqueles que nos ouvem nos ajuda a superar o luto. Este é o conselho de Irmã Thea a respeito de desprender-se dos sentimentos:

> O meu pessoal dizia – e ainda diz – que, às vezes, a gente tem que gemer... Descobri que gemer é terapêutico. É uma forma de convergirmos para um ponto, tal como acontece quando nos centramos na oração. Você concentra suas energias internas e suas forças numa prece, ou num clamor silencioso a Deus...
>
> Às vezes gemo e às vezes canto... Quando sinto dor, noto que ela desaparece se eu cantarolar ou cantar.
>
> Fale sobre o que você está pensando e sentindo. Fale sobre o que você precisa e o que deseja.

Fale sobre o que você vê e sobre suas experiências. Convide as pessoas para rezarem com você. Permita-lhes saber como você está. Quase sempre elas ficam por perto, esperando e querendo ajudar. Somente você, o enfermo, é capaz de dizer-lhes o que podem fazer[11].

Ainda que estejamos zangados com Deus, agarrar-se à raiva de pouco adianta. Além disso, de um jeito ou de outro, Deus sabe o que guardamos no coração. Conforme ocorre em quaisquer relacionamentos humanos, sufocar o que sentimos acaba por suscitar tensão nas conexões. Se contamos a Deus o que se passa em nosso íntimo, conferimos-lhe uma oportunidade de participar da conversa.

À proporção que vamos admitindo a nossa morte e liberando as emoções, podemos, também, tomar decisões concernentes à nossa partida deste mundo. Talvez seja hora de organizar nossa vida. Talvez, a exemplo de um paciente meu, seja necessário resolver a partilha de bens e esvaziar nossa mente de preocupações e arrependimentos. Serena, Rita comentou: "Desapegar-me de tantas coisas – interiores e exteriores – me possibilitou ter uma noção muito mais libertadora de mim mesma e até me ajudou a me sentir melhor fisicamente".

Simplificar nossa vida nos auxilia a focar o que é essencial e a beleza da própria vida – os relacionamen-

---
11. Hudson Taylor, *Lord, let me live till I die* (Revista *Praying*).

tos marcados pelo amor, as pequenas maravilhas que nos cercam. Um amigo meu, médico, perto da morte, me revelou: "Posso ficar horas sentado, apenas olhando para o céu. É tão bonito. E já não vejo a grama como um todo, vejo *folhas* de grama".

Enfrentar e solucionar antigas desavenças contribui para que haja paz em nossa passagem. Pendências costumam se transformar em fonte de sofrimento contínuo tanto para o doente quanto para os enlutados, que serão deixados sozinhos para resolver os problemas. É óbvio que algumas dessas pendências são, literalmente, negócios inacabados. Embora trágico, com demasiada frequência há pessoas que, negando seu estado terminal, não colocam testamento, finanças e obrigações em ordem enquanto podem. Quando morrem, o encargo de desembaraçar tamanha confusão ficará nas mãos da família ou de amigos.

Temos escolhas em relação à nossa morte. Embora não saibamos o dia ou a hora, podemos nos preparar para esse momento lamentando todas as pequenas mortes e as outras perdas de um modo salutar. Assim, quando a perda final nos encarar, seremos capazes de "fazer bem esta passagem".

Dinâmicas de reflexão

♦ Acomode-se, respire profunda e lentamente. Relaxe. Lembre-se de que você está nas mãos de Deus.

Quando se sentir pronto, pense em todas as perdas que você está enfrentando, ou terá que enfrentar, com a sua morte. Qual dessas perdas lhe causa mais angústia? Ao listar as perdas, quais despertam mais emoções?

♦ Que mudanças em seus relacionamentos, estilo de vida, trabalho e espiritualidade eliminariam os arrependimentos quando sua morte se avizinhar? É possível organizar algumas áreas da sua vida de imediato a fim de que você tenha mais liberdade para apreciá-la? Crie uma imagem mental do que lhe parece acumulado em sua vida e então comece a se desfazer desse acúmulo. Como você se sente? Escolha pelo menos uma coisa da qual abrir mão neste exato momento. Ofereça-a a Deus dizendo: "Eu retiro _____ da minha vida e entrego a você, Deus vivo, como sinal do meu desapego do que é desnecessário, supérfluo. Ensine-me a amar a vida e abraçar o que é essencial".

♦ Existe alguma questão mal resolvida com alguém — antipatia, amor reprimido — que possa ser esclarecida agora para que a vida de vocês dois seja mais plena? Reflita a respeito dessa questão e aja de acordo com a deliberação tomada.

♦ Se a ansiedade e o medo da morte dominarem você, faça esta prece, ou uma oração espontânea: "Ó Deus, veja o meu medo e o meu tormento quando penso na minha própria morte. Esteja comigo neste momento e acalme o meu coração. Em suas mãos coloco toda a minha aflição, em particular o pavor de

_____. Ajude-me a reconhecer, no âmago do meu ser, que você não pedirá nada de mim sem estar bem aqui, ao meu lado, partilhando minha experiência. Conceda-me a vastidão da sua paz".

Ou reze com Jesus: "Pai, em tuas mãos entrego o meu espírito" (Lc 23,46). Talvez gemer, cantarolar ou cantar ajude você a liberar seus sentimentos.

♦ Medite este conselho de Irmã Thea sobre nos aproximarmos de Deus quando nos aproximamos da morte. Pergunte-se o que isto lhe diz sobre a sua própria morte:

> Eu costumava achar que podia contar comigo mesma. Eu costumava pensar que se fizesse uma promessa a você, iria cumpri-la. Se eu dissesse a você que viria a Chicago numa determinada data, embarcaria num avião e estaria aqui…
>
> Eu costumava afirmar: "Tudo está nas mãos de Deus". Porém, apenas agora, entendo realmente o significado dessas palavras porque as vivi na pele.
>
> Sou tão mais grata do que costumava ser. Se ao acordar pela manhã consigo mexer as pernas, exclamo: "Obrigada, Deus". Se ao acordar pela manhã a dor está menos intensa do que um ou dois dias atrás, exclamo: "Obrigada, Deus".
>
> Não me desespero porque acredito que Deus me guia e me conduz, acredito que posso estender

minha mão e segurar a mão de Deus. Tenho recebido tanto amor e tantas dádivas. Isto é parte do que eu espero ser capaz de compartilhar neste momento da minha vida. Quero dizer às pessoas para simplesmente continuarem seguindo em frente[12].

♦ Cante uma de suas canções religiosas favoritas, que celebre sua vida e a promessa da Ressurreição ou que proclame sua fé profunda na inesgotável misericórdia de Deus – *Amazing Grace, How Can I Keep From Singing?* ou uma versão do Salmo 23 são algumas sugestões.

A Palavra de Deus

Ouvi então uma voz do céu, que dizia: "Escreve: Felizes os mortos que desde agora morrem no Senhor. Sim – diz o Espírito –, descansem de seus trabalhos, pois suas obras os acompanham".

Ap 14,13

Irmãos, não queremos que ignoreis coisa alguma a respeito dos mortos para não vos entristecerdes como os outros que não têm esperança. Se cremos que Jesus morreu e ressuscitou, cremos também que Deus levará com Jesus os que nele morreram.

1Ts 4,13-14

---

12. Palavras de Irmã Thea em entrevista concedida a Patrice J. Tuohy (*Sister Thea Bowman: on the road to glory*).

Oração final

Deus eterno e misericordioso, estou em suas mãos na vida e na morte. Que eu esteja sempre pronto para deixar esta vida. Permita-me amar, ter esperança e manter a fé agora, para que assim, quando a morte se aproximar, eu possa partir sem arrependimentos para a nova vida que você preparou para mim. Amém. Aleluia.

Agradecimentos

A fonte dos trechos na página 16 é o prefácio escrito por Mike Wallace para o CEPRESS, C. (org.). *Sister Thea Bowman: shooting star*. Winona: Saint Mary's, 1993, p. 9.

A fonte dos trechos nas páginas 18 e 194-195 é a entrevista de Patrice J. Tuohy com Thea Bowman, são retirados de *Sister Thea Bowman: on the road to glory*, *U.S. Catholic*, jun. 1990, p. 21-26.

A fonte do trecho na página 161 é *St. Thérèse of Lisieux: her last conversations* (*Sta. Teresa de Lisieux: suas últimas conversas*). Washington: Washington Province of Discalced Carmelites; ICS.

A fonte do trecho na página 162 é *Letters of Saint Ignatius of Loyola* (*Cartas de Santo Inácio de Loyola*). Chicago: Loyola University Press, 1959, p. 10.

A fonte do trecho na página 164 é *Mrs. Seton: foundress of the American Sisters of Charity*, Joseph I. Dirvin. Nova York: Farrar, Straus and Giroux, 1962, p. 218.

A fonte do trecho na página 174 é *The collected works of St. Teresa of Ávila*, vol. 3 (*Obras completas de Santa*

Teresa de Ávila), traduzido para o inglês por Kieran Kavanaugh e Otilio Rodriguez. Copyright © 1985 por Washington Province of Discalced Carmelites, ICS Publications, 2131 Lincoln Road, N.E., Washington DC 20002. Reeditado com permissão.

A fonte do trecho na página 184 é *The spiritual exercises of Saint Ignatius of Loyola* (*Os exercícios espirituais de Santo Inácio de Loyola)*. Lanham: University Press of America, 1987, p. 79.

A fonte do trecho na páginas 190-191 é a entrevista de Fabvienen Taylor com Thea Bowman, é de *Lord, let me live till I die, Praying*, nov./dez., 1989, p. 19-22.